Dirk Meierewert

Nathanael

Eine besondere Reise

Dieses Buch ist all jenen gewidmet, die auf der Suche nach neuen Wegen und Veränderungen in ihrem Leben sind. Es soll Möglichkeiten aufzeigen, Motivation sein und hier und da Anstöße für erste Schritte und neue Betrachtungsweisen geben.
Für alle anderen Menschen, die bereits auf dem neuen Weg sind, dient es als Bestätigung oder Gedankenanstoß für neue Richtungen und Betrachtungen ihrer Veränderungen, ebenso im Bezug auf ihr Umfeld.
Das Buch ist intuitiv geschrieben worden und enthält einige Botschaften, die für viele Menschen neu sind, für andere bereits vertraut oder in Vergessenheit geraten. Es zeigt verloren gegangene Werte auf und führt zu ihren Ursprüngen zurück. Einen jeden Menschen sie zugänglich zu machen und neue Horizonte und Sichtweisen zu eröffnen, ist das Anliegen dieses Buches.

Ich danke all jenen Wegbegleitern, die mir in der Entstehungsphase zur Seite standen und mit ihren konstruktiven Gesprächen den Inhalt des Buches untermauerten und bereicherten.
Besonderer Dank gilt Monika Paetzold für ihre großartige Unterstützung und Zeit, die sie für dieses Buch investiert hat! Des Weiteren danke ich ganz herzlich meinen Eltern und engen Freunden für die Motivation und kritischen Betrachtungen des Inhaltes!

Dieses Buch ist für jeden Einzelnen und legt einen Erfahrungsschatz in Deine Hände, mit dem Du neue Wege finden und Dein Leben erfolgreich und glücklich gestalten kannst. Nimm Dir Zeit für Dich und dieses Buch!

Alles Liebe und Gute dafür!

*Nur wer den Weg zu sich selbst findet und geht,
wird ihn auch zu Anderen finden.*

Dirk M., 2006

I.
1

Die Sonne scheint mit voller Kraft durch den Spalt der Vorhänge ins Zimmer. Als wolle sie mir die verloren gegangene Energie mit aller Macht zurück geben, die ich in den letzten Monaten eingebüßt hatte. Mich ermutigen, aufzustehen und die Dinge anzugehen und alles zu verändern, was in meinem Leben notwendig war.

Nach dem Aufstehen öffne ich die Vorhänge und werfe einen großen Schatten ins Zimmer. Er steht für die Größe der Last, die ich trage und verdeutlicht mir einmal mehr, dass es Zeit ist, mich mit mir selbst zu beschäftigen. Das war auch der Grund, warum ich die Großstadt verlies und auf die Insel zurück kehrte. Hier auf Rügen kann ich entspannen, neue Energie tanken und kreativen Gedanken ihren freien Lauf lassen. Damit die neuen Projekte auch den gewünschten Erfolg bringen.

Mein Leben war bis dato teils erfolgreich und teils mit großen Fragezeichen und Misserfolgen versehen. Ich kam nach dem Verlust der Arbeit und der Frage *„Was nun?"* zu dem erschütternden Ergebnis, dass ich zwar ein Leben lebte, es aber nicht das Meine war! Alles, was geschah, ließ mich aus der Position eines Beobachters heraus betrachten. Als wenn ich nur ein Bruchteil des Lebens war, eine Nebenrolle hatte, aber nicht die Hauptfigur. Die sollte man schon in seinem eigenen Leben spielen. Ich lebte zu sehr für andere Menschen, machte mein Glück von ihrem abhängig und unternahm alles, um den Anderen zu gefallen und wohl gesonnen zu sein. War immer zur Stelle, wenn es die Zeit erlaubte und in vielen Situationen, in denen ich jemanden gebraucht hätte, alleine. Die große Leere dieser Augenblicke erfasste nun mein ganzes Leben. Die Frage

„War das jetzt alles?" trieb mich dazu, die Großstadt zu verlassen und auf die Insel zu fahren. Mir endlich einmal Zeit für mich zu nehmen. Gedanken darüber zu machen, wie es weitergehen soll und wohin ich wirklich will?!
Selbstverständlich beschäftigte mich bis zu meiner Ankunft gestern hier im Hotel die Frage *„Ist es nicht besser, in Deinem Zustand der Ermüdung und Zweifel, die Zeit mit Deinen Freunden zu verbringen?"*. Aber genau in dieser Situation sollte man die Zeit mit sich selbst verbringen und offen und ehrlich mit allen Erlebnissen und Gedanken umgehen.
Die Sonne schenkt Kraft und ein wohliges Gefühl, den Wunsch, spazieren zu gehen und die Natur zu genießen. Deshalb erledige ich schnell meine Morgentoilette, gehe in den Speiseraum und nehme mein Frühstück ein. Kurz darauf finde ich mich an der Strandpromenade wieder. Doch hier ist es mir zu laut, viel zu viel Trubel. Ich beschließe, weiter weg zu spazieren, entlang eines alten Deiches, der neu gestaltet wurde und einen herrlichen Blick auf den Selliner See gestattet. Hier ist es erstaunlicher Weise ruhig und ich spüre nur den leichten Wind, der von der See her herüber weht. Er macht die angehende Hitze des Tages erträglich und gestattet eine Pause auf einer Bank mit Blick zum See.
Ich freue mich über das sommerliche Wetter. Gestern spiegelten der Regen und die Tiefhängenden Wolken mein inneres Gemüt wieder. Heute will mir die Sonne die Kraft und das Licht zurückgeben, die ich brauche, um meinen Weg zu finden.

2

Ich habe von der Bank aus einen weitreichenden Blick und keine Menschenseele weit und breit. Ich bin ganz für mich allein und zum ersten Mal nach langer Zeit gefällt es mir. Kein

Kommen und Gehen, absolute Stille. Nur der herrliche Ausblick auf den See und ich. Auch wenn es mir schwer fällt, Wege zu meinem Inneren zu finden, beginne ich mich zu entspannen. Immerhin schon mal ein erster Schritt nach vorn.

Plötzlich stützt sich jemand neben mir auf die Lehne der Bank, schaut zum See und sagt: „Ein wunderschöner Tag, ein toller Ausblick, nicht wahr?"

Wo kam der her? – Ich bin völlig überrascht! Ich habe ihn weder von der einen, noch von der anderen Seite kommen sehen.

Er schmunzelt nur und fragt weiter: „Darf ich mich neben Dich setzen?"

Nun schlägt es 13! Jetzt duzt er mich auch noch!

Noch bevor ich antworte, sitzt er bereits neben mir auf der Bank. Er lehnt sich gemütlich zurück und schaut mich lächelnd an: „Ich weiß, dass Du Dich jetzt fragst, wer ich wohl bin und warum ich mich nicht auf eine andere Bank gesetzt habe?! Sind doch genügend frei." Dabei zeigt er nach links und rechts.

Meine Gedanken kann er auch noch lesen. Kneift mich bitte einmal einer!

„Wer bist..." – „Du ist schon in Ordnung!", ergänzt er die Frage. „Ich bin stets bei Dir, an Deiner Seite. Aber Du hast mich bis heute noch nicht wahr genommen oder erkannt."

„Aha...", rutscht es mir nur so heraus. *Rätselstunde halten wir nun auch noch.*

Er lacht ein wenig. „Nein, nein, keine Rätselstunde. Das soll fürs Erste als Erklärung reichen. Du wirst im Laufe der Zeit noch die Erkenntnis gewinnen."

Wie jetzt? Er will mich länger begleiten? Ich stehe auf.

„Ich dachte, Du willst Dein Leben verändern? Deshalb bin ich hier.", wirft er ein, als ich gerade losgehen will. Ich sehe ihn genau an und erst jetzt fällt mir auf, dass ein Leuchten aus seinen azurblauen Augen mir entgegen schwingt. Er ist ein wirklich hübscher junger Mann, mit einem fesselnden Charisma. Alles an ihm scheint perfekt. Als hätte ihn Michelangelo persönlich geformt, als letztes großes Meisterwerk. Jede Frau würde sofort dahin schmelzen. Jeder Mann, der auf Männer steht, ihn solange umwerben, bis er endlich zustimmt. Er lächelt indes immer noch und bittet mich, mit einer kurzen Handgeste, wieder Platz zu nehmen.

Also, was ist? Willst Du nun Dein Leben verändern? Jetzt hast Du die Chance dazu! Deshalb bist Du doch auf die Insel gekommen. Ich setze mich wieder hin, ohne von seinem Blick zu weichen.

„Lass uns reden! Zwar weiß ich um Deiner Missstände, aber reden wir darüber!", eröffnet er das Gespräch. „Du siehst Dich gerade in einer scheinbar endlosen Leere und weißt nicht, wohin Du gehen sollst und wie Dein Leben jetzt aussehen wird!? Das ist richtig. ...und in solch einer Situation auch normal."

„Wie meinst Du das? Normal?"

„Wenn Du Dich auf etwas konzentrierst, es immer wieder besonders gut erledigen möchtest und den größten Teil des Tages damit verbringst, so setzt Du nicht nur all Deine Energie und Kraft in die Sache, sondern bist über die erledigte Arbeit hinaus damit verbunden. Du machst Dir über gewisse Geschehnisse und noch zu erledigende Aufgaben Gedanken und kannst nicht wirklich abschalten. Du setzt weiterhin Deine Energie in diese Arbeit, obwohl Du sie für Deine privaten kreativen Projekte bräuchtest. Deshalb kommen sie nicht richtig voran, oder machen Dich unzufrieden und Du verwirfst sie und beginnst mit neuen. Kannst Du mir folgen?"

„Ich weiß noch nicht, worauf Du hinaus willst? Auch wenn es verständlich klingt. Du hast Recht und ich kann Dir folgen."

„Gut. In den letzten Jahren drehte sich Dein Leben größtenteils um Deine Arbeit. Auch nach Feierabend gab es Gespräche mit

Mitarbeitern über die Geschehnisse und oft nicht nachzuvollziehenden Entscheidungen dort. Wenn Du daheim warst, drehten sich Deine Gedanken weiterhin darum und ein Teil Deiner Freizeit verbrachtest Du mit Mitarbeitern. Kurzum, der größte Teil Deines Lebens spielte sich im Energiefeld Deiner Arbeit ab. Sie nahm Einflüsse auf viele Entscheidungen und raubte damit die Energie für Deine eigenen Projekte. Du funktionierst fortwährend als Zahnrad in der großen Maschinerie.

Selbst noch in dem Zeitraum, wo Du Dir gewiss warst, dass es so nicht weiter gehen konnte. Du hattest intensiver mit Deinen kreativen Objekten begonnen und dennoch fehlte Dir oft die Motivation, die Energie dafür. Du drehtest Dich immer weiter in dem Strudel des Einflusses Deiner Arbeit. Auch wenn Du stetig dafür gekämpft hast, nicht nach unten gezogen zu werden. Oftmals klappte es, aber zum Ende hin ließ es mehr und mehr nach. Deine Kräfte waren aufgebraucht. Bis Du Dich zu Deinem Urlaub hinüber rettetest. Dennoch konntest Du auch in der Woche nicht richtig abschalten. Deine Projekte kamen voran, aber eben nicht so, wie Du es Dir gewünscht hattest. Berichtige mich bitte, wenn ich etwas falsch mitbekommen habe!"

Ich nicke nur bestätigend und mir wird durch seine Worte immer mehr bewusst, wie stark ich ein anderes Leben verfolgte, statt bei mir zu bleiben.

„Nun kam der Zeitpunkt, dass dieses Zahnrad in der Maschinerie, also Du, nicht mehr die Leistung erbrachte, wie es sollte. Sprich, Du warst gänzlich ausgebrannt und erschöpft.

Da Ihr in einer Leistungsgesellschaft lebt, wo nur der Erfolg zählt und wie viel durch Dich in die Kassen gekommen ist, wurdest Du ausgetauscht. Das Zahnrad heraus genommen und durch ein neues, jüngeres ersetzt. Denn Ihr lebt nicht nur in einer Leistungs-, sondern auch in einer Wegwerfgesellschaft. Was Ihr mit den Lebensmitteln, die Eurer Meinung nach nicht mehr gut sind, und vielen anderen Dingen, die ihren Zweck aus Eurer Sicht nicht mehr erfüllen, macht, wird auch mit Euch vollzogen. Es ist dabei egal, wie es Dir geht oder welche Sicht Du auf die Dinge hast. Bringe Deine Leistung, wenn nicht, dann gehe! Gefällt Dir dieses System nicht, dann weißt Du, wo die Tür ist! Draußen warten genug Andere, die an Deine Stelle treten wollen. Bis sie ausgebrannt sind und erkennen, dass dieses Leben nicht wirklich zu ihnen gehört.

Ich kann Dich beruhigen, es geht vielen Menschen so. Deshalb irren sie auch durch die Welt und wissen nicht, wohin sie gehen sollen. Sie fragen sich alle nach dem Sinn des Lebens, aber können ihn nicht finden. Weil sie verkehrte Wege bei der Suche gehen.

Du fühlst Dich jetzt leer und orientierungslos. Da wiederhole ich mich gern noch einmal: Das ist normal und oftmals auch gut so!"

Ich schaue ihn mit großen fragenden Augen an. *Wie jetzt?*

Er lächelt wieder. „Dadurch hast Du die Möglichkeit, den richtigen Weg zu finden und vor allem zu gehen."

„...und welcher ist der richtige Weg?"

„Das werde ich Dir im Laufe des Gespräches noch erläutern. Ich frage Dich: Fiel Dir in der letzten Zeit in Deiner Umgebung irgendetwas auf? Mal abgesehen, dass Deine Mitarbeiter den gleichen Kampf wie Du vollführten."

„Nein, mir fällt gerade nichts ein. Was meinst Du?"

„Gibt es nicht momentan viele Veränderungen bei Freunden und Bekannten in Deiner näheren Umgebung und darüber hinaus?"

„Ja, das schon. Aber was hat das mit mir zu tun? Ich meine... na ja, mit mir direkt? Es ist doch ihr Leben und sie müssen es ebenso gut meistern, wie ich."

„Gut, ich hole mal etwas weiter aus. Du kennst die Offenbarung des Johannes aus dem Neuen Testament?"

Ich bin verwundert. „Du meinst die Bibel? – Ja, die habe ich auszugsweise gelesen. Interessant und doch irgendwie, wie ein Märchenbuch."

Jetzt lacht er. *Was war daran so witzig?*

„Was schildert denn die Offenbarung des Johannes?", fährt er fort.

„Na ja, sie beschreibt die Apokalypse. Soweit ich mich erinnern kann."

„Richtig. Johannes schildert in ihr die Apokalypse. Der letzte große Kampf zwischen Gut und Böse. Den Untergang der Zivilisation, die Ihr Euch aufgebaut habt."

„Aber ist sie denn überhaupt noch aktuell? Ich meine, am Beginn des Jahres 2000 passierte genauso wenig, wie am 21. Dezember 2012."

„Ich sehe, wir werden das vorher mal genauer beleuchten, damit wir die Geschehnisse besser erklären können!

3

Vor ungefähr 3 Millionen Jahren begann der Ursprung der Menschen. Sie lebten in Einklang mit der Natur. Jagten und nahmen sich, was sie zum Leben brauchten und hausten in Höhlen und Unterschlüpfen, die die Natur im Laufe der Zeit erschaffen hatte. Auch wenn dieses Leben heute als schwer und kläglich erscheint, so war es doch ein erfolgreiches. Die Menschen lebten in Einklang, voll Demut und Respekt mit dem, was die Erde zu bieten hatte. Sie beuteten sie nicht aus. Dieses Leben war deshalb erfolgreich, weil sie ihre Erfahrungen und Jagdtechniken an die nachfolgenden Generationen weitergaben. Somit entwickelte sich der Mensch, stellte sich aber nicht über die Natur und ihren Schätzen. Sie schafften keinerlei Vorräte an, sondern jagten und sammelten nur, was sie für das Stillen ihres Hungers benötigten. Wenn sie kein Tier erlegten, aßen sie Früchte der Pflanzen, wie Beeren, Knollen oder bestimmte nahrhafte Gräser. Erfolgreich auch deshalb, weil sie bis heute überlebten. Noch immer leben sie im Einklang mit der Natur. Sie benutzen Pfeil und Bogen und Speere, um ihre Beute zu erlegen. ...und auch heute schaffen sie sich keinen Vorrat an. Wenn es an dem einen Ort für sie nicht mehr sinnvoll ist, ziehen sie weiter. Hinterlassen aber eine intakte Natur. Wie Nomadenstämme ziehen sie durchs Land.

Aber vor ungefähr 20000 Jahren begannen einige Menschen mit dem Ackerbau und wurden sesshaft. Sie schafften sich Vorräte an, weil sie mehr ernteten, als sie verbrauchten. Sie machten sich das Land zu Eigen und wenn es nicht ausreichte, veränderten sie weitere Landstriche zu ihren Gunsten. Kleine Orte entstanden, die Bevölkerung wuchs ständig an und mit der Zeit wurden daraus erste Städte. Der Ursprung der Zivilisation, in der auch Du heute lebst.

Da die Masse der Ackerbauern stetig anstieg, benötigten sie mehr Land. Somit verdrängten sie die Anderen, die im Einklang mit der Natur lebten, aus ihren Lebensräumen. Wenn sie nicht gehen wollten, wurden sie kurzerhand eliminiert. Die Zivilisation breitete sich auf allen Kontinenten aus, auf der Suche nach fruchtbaren Landstrichen, um sie zu kultivieren. Wie Ihr es so gern nennt.

Überall entstanden Städte, entwickelte sich das Handwerk und auf den Landstrichen kleinere Ortschaften der Bauern. Es gab erste Ältestenräte, aus denen mit der Zeit Anführer wurden und die aus ihren Erfahrungen, ihrer Weisheit heraus richteten und lenkten. Es gab seit Jahrhunderten schon immer jemanden, der das Sagen hatte und das Volk ihm und seinen Gesetzgebungen folgte. Diese Maschinerie dreht sich schon seit ewig langer Zeit.

Aus diesen Anführern gingen Dynastien von Königen und Pharaonen auf verschiedenen Kontinenten der Erde hervor. Das Volk gehorchte weiterhin. Lebte nach den erlassenen Gesetzen und wer dagegen verstieß, spürte die Macht der Herrschenden. Menschen bewegten sich jahrhundertelang in dieser Maschinerie und sorgten dafür, dass sie nicht mehr still steht. Bis in unsere heutige Zeit. Selbst nach Aufständen oder gar Revolutionen, schweren Krisen und Kriegen kam wieder jemand an die Macht, der das Volk präsentierte und später doch nur lenkte und seine Macht ausnutzte. ‚Gib dem Menschen Macht und er missbraucht sie.', schrieb Karl Marx in seinem ‚Kapital'. Weil er diese Strukturen erkannte und zum Schluss kam, dass es egal ist, wem du die Macht in die Hände legst. Sie vergessen schnell, wer ihnen dieses Privileg gab und für wen sie agieren sollten. Untereinander schoben sie sich weitere Privilegien zu und agitierten in diesem Sinne auch mit anderen Herrschern. Damit entstand die Politik. …und wer sich nicht an Absprachen hielt oder den Respekt verlor, der lernte ihn mit Waffen zu spüren. Denn wenn sie einmal diese Privilegien besaßen und auslebten, gaben sie sie ungern wieder her."

„Das ist wohl wahr!", werfe ich ein. „Das erlebt man heutzutage in der Politik mehr als genug."

„Diese Struktur verfeinerte sich über die letzten Jahrhunderte. Politik ist ein personelles Agieren auf Verstandsebene, also ohne dem Herzen, zum Wohle bestimmter Personen. Die Demokratie, wie sie einst in Griechenland in den Kinderschuhen stand, gibt es heute nicht mehr. Die, die regieren, haben schon vor hunderten von Jahren den Bezug zu ihrem Volk verloren. Das ist heute nicht anders…"

Ich nicke nur betätigend und frage mich die ganze Zeit: *Was hat das nun mit meiner Situation zu tun?*

„Man muss das große Ganze verstehen, um zu wissen, welchen

Platz man einnimmt und welchen Weg man gehen will! Die Schere zwischen Arm und Reich gab es schon immer: im Römischen Reich, im Mittelalter, Feudalismus, Kapitalismus und auch im Sozialismus, wie die Geschichte bewiesen hat. Nur dass beim Letzteren die Scherenblätter ziemlich nahe standen. Wobei sie bei den anderen geschichtlichen Gesellschaften viel weiter auseinander lagen und noch heute liegen. Das war oft der Nährboden für Revolutionen, Aufstände und Kundgebungen, ob nun friedlich oder sogar gewaltvoll. Eure Zivilisation kränkelt seit Anbeginn und ihre Krankheit wurde nie geheilt. Sie konnte sich über die Jahrhunderte weiter entwickeln und ausbreiten. Denn der Mensch glaubte schon immer, dass die Völker, die im Einklang mit der Natur leben, kein ehrwürdiges und menschliches Dasein führen. Sie sind wie Wilde, zu zähmende Personen, die einmal ein menschliches, würdiges Leben führen sollten. Ihr habt dabei zwei wichtige Komponenten vergessen! Denn zu dieser Krankheit entwickelten sich zwei große Fehler bei den zivilisierten Menschen: sie verloren die Demut und die Menschlichkeit. Beides wurde als Schwäche deklariert. Dabei sollten alle Menschen der Zivilisation niemals vergessen:
Menschlichkeit ist keine Schwäche! Sie ist, wenn nicht sogar, die größte Stärke der Menschen. Demut bedeutet mit Respekt und wertvoll, dankbar mit dem umzugehen, was einem gereicht oder ermöglicht wird. Niemals zu vergessen, woher man kam, wer einem die Privilegien ermöglichte und für wen man diese ausübt. Wenn Ihr das in Eurer Zivilisation schon mal berücksichtigt, dann beginnt Ihr langsam Eure Krankheit zu heilen.
Leider rast Ihr mit immenser Geschwindigkeit auf den Abgrund zu, immer schneller werdend, weil Ihr mehr und mehr wollt und die Maschinerie bald explodiert und zerfällt. Es gibt bereits erste, die abspringen und erkennen, dass dies nicht der Weg ist, die Verheißung, die Euch stetig gepredigt wird. Eure Eroberun-

gen und Euer Wunsch, alles beherrschen zu wollen, geben Euch keine Macht, sie nehmen Euch nur alles, was zum Fortbestehen notwendig ist. Auch wenn Ihr in fernen Galaxien nach einem Ersatz für die Erde sucht, Ihr werdet der Krankheit auf der Ersatzerde neuen Nährboden geben. Bis auch dort alles ausgeschöpft und zum Scheitern verurteilt ist. Ihr müsst den Erkenntnisprozess beginnen, verstehen, was Euch bis hierher gebracht hat und dann endlich erste Schritte unternehmen, um das Ruder herum zu reißen und Euch vom Abgrund weg zu bewegen.

4

Sicherlich kannst Du das nicht alleine bewerkstelligen. Wenn aber nur jeder Einzelne bei sich selbst beginnt und die Situation erkennt, seinen Weg korrigiert und vor allem mit seinem Herzen sieht und handelt, dann könnt Ihr in der Gemeinschaft vieles bewegen. Denn die große Masse besteht aus vielen Einzelnen.
Wenn alle Menschen auf der Welt eine Woche lang nur mit dem Herzen sehen würden, aus ihm heraus handelten und entschieden, gebe es 98 Prozent weniger Probleme auf der Erde. Das wäre doch einmal ein großartiger erster Schritt vom Abgrund weg.
Du fragst Dich noch immer, was das mit Deiner Situation zu tun hat? Dann sage mir doch bitte mal, wo Du Dich in dieser zivilisierten Welt befindest?!"
Ich schaue ihn irritiert an. *Wie jetzt?* ...doch dann überlege ich und komme zu einem ernüchternden Ergebnis: „Ich stand immer auf der Seite derer, die die Maschinerie in Gang hielten, bis die Kräfte nicht mehr ausreichen und meine Gesundheit mir einen Strich durch die Rechnung machte."

„Dabei solltest Du nicht außer Acht lassen, dass Dir Dein Körper viele Signale sendete und Dich darauf aufmerksam vorbereitete!"

„...und ich habe es ignoriert. Dachte immer, wird schon nicht so schlimm sein! Bis der Knall kam. Dann hatte ich mir vorgenommen, alles zu verändern, aus anderen Blickwinkeln zu betrachten und mich nicht mehr so in den Sog hinein ziehen zu lassen."

„...und hat es funktioniert? Konntest Du dieser Energie wirklich widerstehen?"

„Anfangs klappte es, aber mit der Zeit war alles wieder wie vorher. Einmal drin, kannst Du Dich dieser Kraft nicht entziehen..."

Es herrscht kurze Stille. Wir schauen zum See und lassen die Natur auf uns wirken. Dann fährt er fort: „Ihr Menschen lebt im Außen. Euer Leben richtet sich nach Begehrlichkeiten, materiellen Dingen, die Ihr besitzen wollt. Euer Herrscherinstinkt entwickelte sich bei jedem Einzelnen von Euch. Ihr messt Euren Gesellschaftsstatus an dem, was Ihr habt. Nicht, was Ihr seid. Die ganzen Werte haben sich verschoben. Ihr könnt nicht mehr die Schönheit und Vollkommenheit der Natur um Euch herum erkennen. Weil genau diese Schönheit in Euch liegt und Ihr habt den Bezug zu Ihr in Euch verloren. Wie wundervoll ein Mensch wirklich ist, erkennt man nicht daran, wie er aussieht und was er trägt. Sein Handeln und Umgehen mit Menschen und den Dingen lässt seine wahre Größe erkennen, seine Schönheit und Anmut. Das macht ihn wundervoll, weil es aus seinem Inneren kommt, von seinem Herzen. Aber Ihr sehnt Euch nach mehr, lauft den Begehrlichkeiten hinterher, die Euch noch durch Eure Medien schmackhaft gemacht werden. Damit treibt Ihr die Masse weiter an, die beharrlich auf den Abgrund zurast und nicht erkennen und stoppen will. Ihr füttert durch Euer

Euer Leben im Außen den Motor der Masse, damit er mehr und mehr verbrennen kann und Ihr schneller werdet. Eure Zivilisation überholt sich selbst auf der Außenspur, mit absoluter Höchstgeschwindigkeit.

Nun erkennst Du vielleicht, was ich vorhin damit meinte, dass nur jeder Einzelne bei sich beginnen kann. Denn Ihr seid die Masse."

Ich nicke zustimmend und erkenne, dass mein Weg gewiss nicht zurück in die Maschinerie führt, für die ich die letzten Jahre hart gearbeitet habe!

„Ihr müsst die Werte neu definieren, von Eurem Herzen aus, nicht von Eurem Verstand! Du hast eine wunderschöne Wohnung zur Miete, sehr geschmackvoll eingerichtet. Hast Du Dir einmal die Zeit genommen und sie genauer betrachtet? Ihre Schönheit und Werte erkannt und warst dankbar dafür, dass Du sie Dir so schön herrichten konntest?"

Ich schaue zum Boden und schweige. *Er hat Recht! Ja, er hat absolut Recht! Ich bin jeden Tag in diese Wohnung gekommen, um dort zu schlafen, Freunde zu empfangen und zu leben. Morgens wieder heraus und die Wohnungstür zugeschlossen. Ohne nur einmal darüber nachzudenken, woher ich sie so einrichten konnte. Ich fühle mich gerade ein bisschen schlecht und schäme mich, dass ich all das für selbstverständlich angesehen habe. Denn es ist nicht selbstverständlich! Es gibt Menschen, denen es schlechter geht, viel schlechter. Die gar nichts besitzen, außer einer Matratze unter einer Brücke und den Sachen, die sie tagtäglich anhaben.*

„Du musst Dich nicht zerfleischen oder tadeln! Das sollte meine Erläuterung nicht auslösen. Sie sollte Dich wachrütteln und Dir zu erkennen geben, dass Deine Situation bei Weitem nicht so aussichtslos ist, wie sie Dir noch gestern Abend auf dem Weg auf die Insel erschien. Es liegt immer an Dir selbst, was Du aus der Situation machst. Natürlich darfst Du Dich ein wenig bemitleiden, das ist völlig in Ordnung und gehört zum Erkennungsprozess dazu. Dadurch erkennst Du Deinen vergangenen Weg, beleuchtest ihn und ziehst Deine Lehren und Schlüsse daraus. Aber es darf nicht zu einem Dauerzustand werden und Du solltest nicht in der Vergangenheit hängen bleiben! Du lebst im hier und jetzt und alles was vorher geschah, unterlag einer Notwendigkeit, damit Du an diesem Punkt ankommen konntest. Du kannst über den Weg des Erkennungsprozesses auch mit dem Vergangenen abschließen und Dich von seinen energetischen Einflüssen befreien. Nimm das Geschehene an, sei dankbar dafür und nutze die Lehren und Schlüsse daraus als Potential für den Neubeginn! Dann wirst Du den alten Kreislauf verlassen und neue Wege beschreiten."

„Das klingt gut." Ich setze mich wieder gerade hin und auch mein Blick sieht zuversichtlicher aus.

„Ich führe Dich gern auf den Weg, wenn Du es wirklich möchtest und bereit dafür bist! Er wird Dein Leben verändern, Deine Sichtweisen und Dir den Weg zum Herzen eröffnen. Du wirst Prinzipien über Bord werfen und alles neu für Dich ebnen oder strukturieren. Wie Du es gern nennen möchtest."

„Das will ich! Oder sollte ich eher ‚möchte ich' sagen?" *Ich bin mir nicht ganz sicher...*

Er lächelt: „Will ich passt besser... Diesmal ist es keine Begehrlichkeit, wie sonst. Sondern das Einsehen, dass Du den Weg ändern musst und willst, damit Du endlich Dein Leben lebst. Aus dem Inneren heraus und vor allem Dein eigenes Leben."

Ich nicke zuversichtlich und lächle ein wenig, was ihn sichtlich freut.

„Du hattest mich gefragt, wer ich bin? Das habe ich Dir kurz erklärt. Du kannst mich Nathanael nennen, wenn Du mich persönlich ansprechen magst. Das ist mein Name."

„Sehr gern, Nathanael. Ich bin froh, dass ich Dich getroffen habe!"
Er nickt dankend und lächelt immer noch.
„Doch eine Frage beschäftigt mich noch..."
„Stell sie!"
„Sind diese Menschen, die im Einklang mit der Natur lebten und heute teilweise noch leben, in Ihrer Evolution voran gekommen? Ich meine... Na ja, so wie wir?"
„Du meinst durch Euren technischen Fortschritt?"
„Ganz genau. Er hat uns viele Erkenntnisse gebracht."
„Bevor ich Deine Frage beantworte, möchte ich noch kurz auf Euren Fortschritt eingehen. Er hat Euch sicherlich vieles erleichtert, Erkenntnisse gebracht. Doch was hat er dem Menschen an sich gegeben? Ihr könnt zum Mond fliegen, bald auch zum Mars. Warum könnt Ihr nicht miteinander weiter voran schreiten? Euer Fortschritt findet ebenso im Außen statt, wie Euer Leben. Der technische Fortschritt hat Euch voran gebracht, aber der Mensch alleine ist zurück geblieben und vielfach vereinsamt. Was bringt es Euch, wenn Ihr mit Euren Handys nebeneinander sitzend kommuniziert, anstatt Euch anzuschauen und zu reden? Müsst Ihr in jeder Minute Eures Lebens erreichbar sein? Wenn Ihr miteinander ausgeht, seid Ihr stets mit Eurem Kommunikationsmittel beschäftigt, aber viel zu selten mit Euch selbst. Ihr seid abhängig von der Welt im Außen und habt deshalb verlernt, in Euer Inneres zu hören. Ihr trefft Entscheidungen und diskutiert sie mit Anderen aus, stellt sie öffentlich zur Schau. Anstatt auf Euer Herz zu hören und die Entscheidungen mit einem wohlwollenden Bauchgefühl zu treffen. Denn dann sind sie die Richtigen und führen Euch auf den Weg, der der Eure ist.
Da diese Völker, die im Einklang mit der Natur leben, so etwas nicht besitzen, haben sie die Kommunikation auf direktem

Wege nicht verlernt und reden miteinander. Sie stellen ihr Leben nicht zur Schau. Denn sie sind eins mit der Natur und den Gesetzmäßigkeiten des Lebens. Sicherlich haben sie sich nicht in dem immensen Tempo entwickelt, wie die Zivilisation. Aber die Evolution ging weiter, somit auch ihre Entwicklung. Sie gaben ihre Erfahrungen an ihre Nachkommen weiter, die sie angewandt und verbessert haben. Denn sie mussten sich auf die Veränderungen ihrer Umwelt einstimmen, die die Zivilisation von Außen hervorgebracht hatte. Dennoch entwickeln sie sich im Einklang mit der Natur weiter und leben ihre Traditionen, die ihnen von ihren Vorfahren übermittelt wurden. Sie halten sie in Dankbarkeit und Demut aufrecht, weil sie wissen, dass sie ihr Leben und ihren Platz absichern. Insofern nicht die Zivilisation meint, alle Landstriche der Erde beherrschen zu müssen.

Also, ja, sie haben sich weiter entwickelt und werden es auch in der Zukunft. Mit Dankbarkeit und Demut, im Einklang mit der Natur, die ihr Zuhause und Ernährerin ist. Wenn Ihr, die Zivilisation, es zulasst."

II.
1

Nathanael ging wieder, wie er kam. Ich weiß zwar nicht genau, wie er es macht, aber ich hatte ihn gestern seit dem Gespräch nicht mehr gesehen. Vielleicht wollte er mir nur etwas Zeit zum Nachdenken geben. Damit alles sacken kann und ich mir über das Eine oder Andere Gedanken mache. Das tat ich. Nach dem Mittagessen ging ich am Strand spazieren und merkte, wie ich die vielen Urlauber aus einem anderen Blickwinkel betrachtete. Hier ein Streit, da ein quengelndes Kind und es wiederholte sich mehrfach, während ich auf dem feuchten Sand an der Masse vorbeilief. Zum ersten Mal hatte ich das Gefühl, nicht dazu zu gehören. Dieses Gespräch hatte etwas in mir verändert. …und ja, ich fühlte mich sehr wohl damit. Auch heute noch.
Heute bin ich mit dem Fahrrad weiter weg gefahren, mehr ins Mönchgut hinein. Am Rand einer Wiese, mit Blick auf die Ostsee, finde ich eine Bank und niemand weit und breit zu sehen. Optimale Bedingungen für ein weiteres Gespräch, das ich mir mehr als wünsche. *Vielleicht sogar vom Herzen her?* Ich weiß es nicht. Kann es noch nicht richtig deuten.
Also sitze ich und genieße den Blick auf die See. Bienen und Hummeln summen, fliegen von Blüte zu Blüte und einige Schmetterlinge reihen sich in den Reigen mit ein.
„Ein sehr schönes Plätzchen, Flecken Erde."
Nathanael ist da. Ich freue mich! Woher er kam, weiß ich nicht und ich versuche es auch nicht mehr zu erkunden. Nehme es einfach an und freue mich, dass er da ist!
Er nimmt wieder rechts neben mir Platz und lächelt mich an:
„Ist es Dir gestern noch gut ergangen?"
„Ja, …ich fühle mich ganz anders. Sehe seit unserem Gespräch

gewisse Dinge aus einer anderen Sicht."

„…und gefällt Dir die neue Sichtweise?"

„Sie ist neu, teilweise fremd, aber lässt mich Vieles anders erkennen, als zuvor. Kurzum: ja!"

„Die Frage ist: Fühlt es sich gut für Dich an? Kannst Du damit umgehen?"

„Absolut! Ja."

Nathanael lächelt zufrieden. „Bist Du für den weiteren Erkennungsprozess bereit?"

„Ich brenne förmlich danach! Freue mich drauf!"

Er macht es sich bequem und schaut über die Wiese. „Was erkennst Du beim Anblick dieses Stücks Land?"

Hmm… Ich schaue es mir genauer an. „Bienen, Wespen, Hummeln und Schmetterlinge fliegen von Blüte zu Blüte, Vögel kreisen darüber, manche landen im Gras und steigen später wieder auf in die Lüfte. Ich würde sagen, ein reges Treiben, wie man es von einer intakten Natur kennt."

„Gehe tiefer hinein! Welchen Zusammenhang bilden sie? Öffne Deine Augen und beginne zu sehen!"

Ich beobachte konzentriert das Treiben. Kann aber nichts weiter erkennen. „Ich weiß nicht genau, was Du meinst?!"

Er mustert mich kurz. „Du musst lernen, Deine Augen zu öffnen, Deinen Blick zu schärfen und zu erweitern! Ich erkläre Dir den Zusammenhang an Hand dieses kleinen Stücks Land. Denn hier erkennst Du genau die wichtigste Gesetzmäßigkeit auf Erden: das Gesetz des Lebens. Ihm kann sich niemand entziehen, auch nicht der Mensch! Selbst wenn er meint, für ihn träfe es nicht zu. Er irrt sich gewaltig, wie Du erkennen wirst! …und Du wirst verstehen, warum die Völker, die im Einklang mit der Natur leben, erfolgreich sind und überleben."

Ich schaue ihn an und er weist mit einer Handbewegung meinen Blick zur Wiese zurück. Verstärkt es durch ein zusätzliches

Nicken mit dem Kopf. Ich folge ihm und höre aufmerksam zu. Denn ich möchte lernen, richtig zu sehen, und zu verstehen, wovor wir uns verschließen.

2

„Betrachten wir die Wiese einmal genauer. Sie versinnbildlicht den Zyklus des Lebens. Das Gebären neuen Lebens und das Sterben. Das Gras sprießt jedes Frühjahr frisch aus dem Boden und wächst kontinuierlich in den Himmel. Es bringt Blüten hervor und gestaltet die bunte Vielfalt. So farbenprächtig und vielfältig diese Wiese ist, so ist auch das Leben. Ebenso facettenreich. Ihr müsst nur die Augen aufmachen und es erkennen!
Du fragst Dich jetzt sicher, was hat das mit dem Gesetz des Lebens zu tun? Nun, sehr viel. Jedes Frühjahr erwacht nicht nur die Pflanzenwelt aus dem Winterschlaf und läutet die grüne Zeit ein. Auch die Tiere aller Art erwachen und beginnen mit der Balz und dem Gebären neuen Lebens. Jede Blume auf dieser Wiese wächst zur vollkommenen Schönheit heran.
Ganz so, wie Mutter Natur sie erschaffen und über den Zeitraum der Evolution verfeinert hat.
Wenn sie aufblüht, bestäuben sie Insekten, wie Schmetterlinge, Bienen und Wespen, Hummeln und viele weitere, die sich auch von ihrem Nektar ernähren. Verblüht sie wieder, so fallen ihre Samen zum Boden und sie stirbt. Dafür erwachen andere Blüten, die durch den Tod der Einen neu geboren werden. Geburt und Tod gehen oft Hand in Hand. Doch die Blüten haben ihren Beitrag zum Erhalt anderer Lebewesen beigetragen. Ebenso verhält es sich mit Bäumen und Sträuchern, die aus den bestäubten Blüten Früchte hervor bringen, von denen sich Andere ernähren. Die Samen werden auch hier der Erde übergeben, damit neue Pflanzen entstehen können.

Bei den Tieren ist es so, dass eine Spezies durch die anderen am Leben erhalten wird. Eine natürliche Selektion findet statt. Ein Tier jagt und frisst nur soviel, wie es zum Überleben braucht. Damit werden die Bestände der Arten im Gleichgewicht gehalten. So richtete es die Natur seit Millionen von Jahren ein und wird es auch in der Zukunft bei behalten. Denn das liegt dem Gesetz des Lebens zu Grunde. Alles in der Natur bedingt einander, bildet einen gemeinsamen großen Fluss. Das Gleichgewicht wird gehalten und geriet es einmal aus der Fassung, so heilt die Natur es selbst und bringt es wieder in Ordnung. Die Selbstheilungskräfte von Mutter Natur sind enorm, ebenso wie die des Menschen. Die Gesetzmäßigkeit des Lebens hält die Wagschalen auf gleicher Höhe und wenn sie ins Trudeln kommen, wirkt die Kraft der Selbstheilung.

Alles, was ich kurz angerissen habe, um Dir das Gesetz vor Augen zu führen, ist so einfach, wie das Leben selbst. Die Naturgegebenheiten im Einzelnen bilden doch ein großes Ganzes, bedingen einander und halten am Leben. Jede Spezies ist in diesem Zyklus eingeschlossen. Wer sich gegen dieses Gesetz stellt, wird ins Abseits getragen und ist damit dem Untergang geweiht. Die Menschen, die im Einklang mit der Natur leben, gehören zu dem Ganzen. Deshalb sind sie erfolgreich und haben sich ebenso weiter entwickelt, wie die anderen Spezies. Sie sind immer noch ein Teil der Evolution und werden deshalb die Zivilisation überleben. Wenn sie von Euch die Chance dazu bekommen."

„Ich erkenne gerade, wo wir, die wir in der Zivilisation leben, uns befinden."

„...und wo ist das?"

„Wir sind diejenigen, die im Abseits stehen. Wenn ich das jetzt richtig sehe?"

Nathanael nickt. „Das ist absolut richtig. Denn der Mensch der Zivilisation begann über die letzten Jahrzehnte die Erde mehr und mehr zu beherrschen. Er nahm sich, was er meinte, zu brauchen. Ohne Rücksicht auf die Folgen und vor allem auf die anderen Spezies. Er griff gnadenlos in das Gesetz des Lebens ein und meinte, dass dieses für ihn nicht zutreffe. Er ist die Krönung der Schöpfung, für ihn wurde das alles bereitet und er kann sich nehmen, was er will. ...und leider auch, so viel er will. Nämlich so viel, bis nichts mehr da ist. Die Menschen besitzen zwei große genetische Fehler: Das ist zum Einen ihre Habgier und zum Anderen ihre Machtsucht. Dazu die zwei Begleiterscheinungen der Krankheit der Zivilisation, die fehlende Demut und Dankbarkeit und die verschwundene Menschlichkeit. Sicherlich gibt es heute hier und da Menschen, die sich ihrer menschlichen Seite besinnen. Aber es sind noch immer viel zu wenig!"

„Das heißt, dass diese vier Komponenten unseren Untergang ausmachen und beschleunigen."

„So ist es. Denn das Erkennen und Besinnen hat bei viel zu wenigen Menschen begonnen. Das bedeutet auch, dass sie auf diesem Weg erst im Wachstum sind. Sie lernen, diese Dinge wieder anzuwenden und müssen sich damit noch in der großen Masse behaupten. Da fehlt bei einigen von ihnen auch die Disziplin, dem neuen Weg treu zu bleiben und an ihm zu glauben. Denn Euch wurde anerzogen, vom Verstand her zu handeln, Eurem Ego allen Freiraum zu geben, der ansatzweise möglich ist.

Nun kommen die ersten von Euch daher und erklären, dass dies genau der falsche Weg ist. Ihr könnt nicht von heute auf morgen Eure anerzogenen Strukturen zerbrechen und ändern. Das ist ein Prozess, der seine Zeit bedarf. Aber Ihr könnt dem Weg treu bleiben und lernen, jeden Tag aufs Neue. Bis Ihr zu denen gehört, die erkannt haben und abgesprungen sind. Jenen, die weiter auf den Abgrund zurasen diesen Weg zu zeigen, damit auch sie erkennen und das Ruder herum reißen, sprich abspringen und sich zu Euch gesellen."

„Aber wie lange dauert dann so ein Prozess?"

„Das ist von jedem selbst abhängig. Wichtig ist, erst einmal den Weg zu beginnen, abzuspringen und für sich neue Prinzipien zu formen. Zu Erkennen, was das Leben wirklich ausmacht und welche Werte es hervorbringt. ...und ich kann Dir versichern, es sind andere, als in Eurer Zivilisation. Jene, die zum Gesetz des Lebens gehören und Euch wieder in die Reihen der anderen im großen Ganzen zurück bringen. Denn da war immer Euer Platz und wird er in der Zukunft wieder sein! Selbst jetzt, wo Ihr Euch über alles stellt, sind die Gesetzmäßigkeiten am Wirken. Ihr werdet geboren, wo andere sterben. ...und eines Tages gehört Ihr zu jenen, die von der Erde gehen, während anderes Leben erwacht. Du siehst also, wie stark dieses Gesetz ist."

3

„Ich frage mich nur, was wird mit den vielen Menschen auf der Erde passieren?"

„Ihr beutet momentan die Ressourcen der Erde nach allen Regeln der Kunst aus. Dabei ist Euch die Natur völlig egal. In Kanada wird Ölschlamm aus der Erde befördert und die giftigen Chemikalien, die der Trennung aus dem Erdreich bedürfen, werden mit den Abwässern in die Natur zurück gepumpt. Wo Leben war, vernichtet Ihr. Die Rate der aussterbenden Tiere ist in den letzten Jahrzehnten rapide angestiegen. Das ist keine Selektion der Natur! Das ist das Werk der Menschen der Zivilisation. Durch Eure besessene Habgier macht Ihr alles zu Nichte, was Euch in die Quere kommt. Ihr fragt nicht, Ihr nehmt Euch. Wenn nichts mehr da ist, bohrt Ihr weiter, bis Ihr neue Ressourcen findet. Dass Ihr dabei der Natur neue Lebensgründe entreißt und vernichtet, interessiert Euch nicht. Die wenigen Wiedergutmachungsversuche, die Ihr unternehmt, werden Euer Schuldgefühl nicht besänftigen. Sie schaffen Euch nur ein beruhigendes Scheingefühl auf kurze Zeit. Denn die Wahrheit holt Euch immer wieder ein. Die Natur beginnt sich stark zu wehren. ...und das ist erst der Anfang! Ihre Antworten werden Euch noch den Atem nehmen. Da könnt Ihr noch so viele Bollwerke errichten, Vulkane überwachen und Seismographen im Meeresboden und anderen Erdbebengebieten aufstellen. Ihr habt die Erde gebeutelt, nun müsst Ihr ihre Antworten annehmen und die Schuld bei Euch suchen, nicht in der Natur! Ihr habt das Klima verändert, die Natur zerstört, durch Monokulturen die Schädlinge vermehrt und durch Euer Gift im Boden die Meere, Seen und das Grundwasser verpestet. Das ward Ihr in Eurer Habgier und mit Euren falschen Werten!

Wenn eines Tages nicht mehr genug Nahrung oder Trinkwasser vorhanden ist, beginnt die natürliche Selektion bei Euch in der Zivilisation. Das Gesetz des Lebens greift im vollen Umfang und wird die Schwächsten zuerst aussieben. Bis eine Gruppe Menschen übrig bleibt, die über den Selbstheilungsprozess der Natur genügend Nahrung findet, um zu überleben."

„Das heißt, wir werden zu unseren Ursprüngen zurück gebracht? Zu jenen, die seit Jahrtausenden im Einklang mit der Natur leben eingereiht?"

„So ist es. Der Mensch wird zu seinen Ursprüngen zurück geführt. Damit er Demut und Dankbarkeit wieder erlernt, Menschlichkeit lebt und die Werte erkennt, die das Leben wirklich ausmachen. Die Natur wird die verlassenen Ortschaften unter sich begraben. So, wie sie es immer mit verlassenen Zivilisationen getan hat. Sei es in den Urwäldern, auf Yukatan oder auch bei verlassenen Ortschaften Eurer modernen Zivilisation. Die Natur heilt und bringt alles wieder in seinen ursprünglichen

Zustand. So, wie sie es mit dem Menschen ebenso tun wird.
Doch vorher werden viele Menschen von Euch durch Unruhen, Kriege und Aufstände eliminiert, heraus selektiert. Wenn die Nahrungsgrundlage fehlt, oder Trinkwasser, versucht der Mensch, es sich mit Gewalt zu beschaffen. Das hat er auf dem Weg der Evolution Eurer Zivilisation immer so gehandhabt. Der Machtwille paart sich dann mit dem Überlebenswillen. ...und Waffen habt Ihr ja in Eurer Zivilisation mehr als genug. Nur dass Euch Euer Handel in der heutigen Zeit damit zum Verhängnis wird. Denn diese Waffen werden, wenn es so weit ist, auf Euch gerichtet sein. Eure eigenen gehandelten Waffen. Säe Gewalt und Du wirst Gewalt ernten! Vernichte und Du wirst vernichtet werden! Das Gesetz der Resonanz. Es fragt nicht, was Du aussendest und in die Welt trägst! Es gibt Dir das zurück, was Du aussendest. Nicht umsonst sagte Konfuzius einmal: ‚Was Du nicht willst, dass man Dir tu, das füge keinem Anderen zu!' Er hatte das Gesetz der Resonanz verstanden und in die Welt hinaus getragen. Doch Ihr ward zu taub dafür, um es zu hören. ...und zu engstirnig und eingefahren, um es zu begreifen und umzusetzen. Es passte einfach nicht in Eure Welt."

4

„Aber warum habe ich meine Arbeit verloren, wenn ich doch täglich hingegangen bin und mich so gut ich konnte eingebracht habe?"
„Ein Teil der Frage haben wir gestern beantwortet, das Zahnrad in der Maschinerie. Aber auch Du hast Deinen Teil dazu beigetragen."
„Wie jetzt?" Ich bin etwas verwirrt.
„Na denke doch mal drüber nach, wie Dein Gefühl in der letzten Zeit dort war. Welche Gedanken Du ausgesendet und mit Dei-

nen Mitarbeitern diskutiert hast!"

„Na ja, ...dass ich dort nicht wirklich mehr bleiben möchte und ich mich ausgebrannt und kraftlos fühle. Es kam mir immer so vor, als wenn ich täglich leer gesaugt wurde. Natürlich nicht nur von der Arbeit direkt, sondern auch dem Umfeld, welches dazu gehört."

„...und genau das ist es!", setzt Nathanael gleich nach. „Du hast den Weggang aus dem Unternehmen fest manifestiert und stetig ausgesendet. Nun wissen wir, was Du aussendest, kommt zu Dir zurück. Das Gesetz..." Er deutet mit der linken Hand auf mich.

„...der Resonanz.", vervollständige ich. „Jetzt verstehe ich! Das ist der zweite Teil der Antwort auf meine Situation und Frage."

Nathanael nickt bestätigend und lächelt.

„Aber wenn meine Gedanken solch eine Macht besitzen, muss ich sie dann stets kontrollieren? Ich meine, manchmal denkt man ja so einfach daher, ohne großen Anhaltspunkt."

Er lacht kurz. „Nein, nein! Das wäre ja Wahnsinn. Natürlich bedarf es etwas Zeit und einem wohligen Gefühl, einer gefühlten Überzeugung. Dabei solltest Du bedenken, dass ein positiver Gedanke hundert Mal stärker in der Frequenz ist, als ein negativer. Wenn Du beginnst, richtig zu fühlen und zu denken, Dein Leben auf das Positive konzentrierst, wirst Du auch positive Situationen und Feedbacks in Dein Leben ziehen. Das war, wie Du es gestern geschildert hast, in diesem Umfeld nicht leicht. Es ist Dir ab und an gelungen, aber die Spiegelung Deiner Manifestierung aus Deinem Umfeld auf Arbeit ließ Dich immer wieder in diese Energie zurück fallen."

„Ich frage mich nur: Warum?"

„Nun, es liegt zum Einen an Deinem energetischen Umfeld, in dem Du Dich täglich befindest.

Zum Anderen wirst Du natürlich auch vom Leben geprüft, wie

stark Du wirklich die Veränderung möchtest oder nicht. Das macht das Leben nicht, um Dich zu ärgern, sondern um Dir zu zeigen, wie weit Du auf Deinem Weg voran gekommen bist. ...und um Dir zu verdeutlichen und Dich zum genauen Hinsehen zu animieren, ob dieser Weg wirklich der Richtige für Dich ist.

Dein energetisches Umfeld dort war von schwerer Energie, voller Konfliktsituationen und Unzufriedenheit und wenig Freude geprägt. Selbst nach Momenten des Aufflammens von Freude und starker fröhlicher Gemeinsamkeit, kam doch die schwere Energie wieder an die Oberfläche und dominierte den Alltag.

Das geschieht bei Unternehmen, die klammernd an alten Strukturen festhalten, weil sie doch schon seit Jahrzehnten funktionieren. Wir sind in einem Weltenumbruch, dem Aufstieg von der dritten in die fünfte Dimension. Menschlichkeit, Dankbarkeit und Demut kehren zurück zu den wahrhaften Werten der zwischenmenschlichen Beziehungen, ganz gleich, auf welchen Ebenen sie sich vollziehen. Unternehmen, in denen diese Werte keinen Platz finden, in denen vergessen wurde, dass die Spitze ohne die Basis gar nicht existieren würde und den nötigen Respekt verloren haben, werden diese Schritt in das neue Weltenjahrtausend nicht schaffen. Sie zerschellen an der Mauer am Ende der Sackgasse ihres Weges.

Wenn sie aber umdenken, wie es erste Unternehmen bereits getan haben, dann können sie diese Sackgasse verlassen und gehen in eine erfolgreiche Zukunft. Nur mit einer zufriedenen und erfolgreichen Basis kann ein Unternehmen bestehen. Dabei stehen Menschlichkeit, Dankbarkeit und Respekt an oberster Stelle. Eine dementsprechende Vergütung der Arbeit darf dabei nicht außer Acht gelassen werden! Wenn der Angestellte eine angenehme Arbeitsatmosphäre hat und er sein Gehalt nicht bis auf den letzten Cent eng bemessen einteilen muss, sondern auch soviel verdient, dass er wirklich leben kann. Dann hat dieses Unternehmen auch eine gesunde Basis und wird den Weg zum Erfolg gehen. Denn was Du weitergibst, wird hundertfach zu Dir zurück kommen."

„Da ist viel Wahres dran und ich kann nur hoffen, dass viele Unternehmer es endlich verstehen und umsetzen."

Nathanael nickt. „Es ist im beiderseitigen Sinne und sie würden der gewaltigen Maschinerie der Zivilisation weiteren Treibstoff nehmen. Es gibt nur ein gewaltiges Problem bei den Menschen..." Er schaut mich fragend an.

Ich muss schmunzeln. „...die Habgier und die Machtsucht. Das müssten sie erst einmal überwinden."

„Ganz genau. ...und so lange sie noch in den alten Strukturen klammernd gefangen sind, werden sie es nicht ändern. Der Mensch gibt ungern Fehler zu und vor allem ungern seine Macht ab. Sei sie auch noch so mit Zweifeln und Fragezeichen behaftet."

Er steht plötzlich auf und setzt sich in das frische Gras, zwischen all die schönen Blumen. Dann schaut er zufrieden lächelnd in den Himmel. „Das Leben ist so wunderschön, voller Poesie, Anmut, Kraft und reiner Energie. Es ist immer wieder schade, Euch zusehen zu müssen, wie Ihr all das nicht wirklich genießen könnt. Ich meine, so richtig mit tiefer Freude und voller Glück aus Eurem Herzen."

Ich beobachte ihn und höre aufmerksam zu. Wieder fällt mir sein stark fesselndes Charisma auf und ein Leuchten um seinen Körper herum. Als würde er von innen heraus pures Licht senden. Wer auch immer er ist, ich bin gerade sehr froh, dass er meinen Weg kreuzte und mir in meiner Situation hilft. Denn es geht mir wirklich schon besser und ich lerne zu verstehen und zu sehen. Er eröffnet mir einen neuen Horizont und darüber hinaus einen neuen Weg.

5

Nach einem kurzen Augenblick der Stille sieht er mich wieder an. „Der Erkennungsprozess im Außen ist damit abgeschlossen. Nun kommen wir zu Deinem. Damit wir morgen beginnen können, gebe ich Dir eine Übung auf, um Dir den Weg in Dein Inneres zu eröffnen."
Ich schaue ihn gespannt an. „Den Weg in mein Inneres..."
Er steht auf und kommt zu mir, hockt sich vor mich hin und schaut mir tief in die Augen. „Ja, dem Weg zu Deiner Seele. Eine Entspannung für Deinen Körper und die Öffnung des Tores zu Deiner Seele."
Ich kann dem Blick der azurblauen leuchtenden Augen nicht weichen. Als würden sie mich fesseln. Aber ich spüre nur Liebe und Wärme. Empfindungen, die ich lange vermisste.
Dann lächelt er und nimmt links neben mir Platz. „Du hast doch Deinen MP3-Player dabei."
Woher weiß er das nun wieder? Hmm... Bei ihm wundert mich eigentlich gar nichts mehr. Ich nicke nur bestätigend, während mir wieder einfällt, dass er auch meine Gedanken lesen kann.
„Suche Dir ein schönes Instrumentalstück heraus und lass es immer wieder abspielen. Lege Dich dazu aufs Bett und konzentriere Dich nur auf die Musik. Nichts anderem! Gehe in Gedanken die Melodie mit, bis sie Dir ganz vertraut ist und Du spürst, wie Deine Muskeln entspannen und Dein Körper leicht wird. Dann gehe einen Schritt weiter und in Gedanken die Melodie einen Ton voraus. Als würdest Du das Stück dirigieren müssen. Damit bekommst Du Deinen Kopf von Gedanken frei und entspannst Deinen Körper. Fühle die Musik, lass sie ganz von Dir Besitz nehmen und kontrolliere nichts! Keine Gefühle und

Empfindungen, sondern lass Dich einfach fallen. Wenn Du weinen musst, dann weine! Ebenso, wenn Du lachen willst. Diese Regungen lösen Blockaden in Dir auf, die Dich hemmen und belasten. Lass sie gehen, befreie Dich von ihnen! Wenn Du Dich wieder beruhigt hast und Deine innere Gefühlswelt spürst, dann setze Dich hin, nehme Stift und Zettel zur Hand und schreibe alles auf, was Dich bewegt. Mache Dich frei davon! Denn das ist Deine Last, die Du mit Dir herumträgst. Diese Blätter sind Dein seelischer Mülleimer. Fülle ihn mit all dem Ballast und wenn Du fertig bist, dann lege sie an einem sicheren Ort, wo sie niemand außer Dir findet.
Wiederhole nun jeden Tag diese Übung und schreibe weiter auf, wenn noch mehr zu Tage tritt. Bis Du das Gefühl hast, dass Du Dich ganz von Allem befreit hast. Lese niemals die Zeilen durch! Denn Du wühlst ja auch nicht in Mülleimern herum. Danach beendest Du die Übung mit dem Hören des Stückes, damit Du wieder entspannst und Kräfte sammeln kannst.
Was danach mit den Zetteln geschieht, erzähle ich Dir zum richtigen Zeitpunkt, wenn Du Deine Last los geworden bist.
Eine wundervolle Nebenwirkung hat diese Übung auch: Wenn Du in stressige Situationen kommst, schwere Entscheidungen treffen musst, dann gehe in Gedanken die Melodie durch und Dein Körper wird sich entspannen und Dir den Zugang zu Deinem Inneren gewähren. So dass Du vom Herzen her entscheiden kannst und selbst die schwierigste Situation mit Bedacht und Wohlwollen meisterst. Das ist meine eine Aufgabe an Dich. Die zweite ist, dass ich morgen gern von Dir wissen möchte, wohin Du in der Zukunft willst?! Welche Ziele hast Du, welche Träume, die nach einer Umsetzung verlangen?! Damit werden wir morgen beginnen."
„Sehr gern! Doch noch zu der Übung!"
Nathanael nickt.

„Was, wenn ich das mit dem Musikhören nicht durchhalte, sondern nervös dabei werde?"

„Wenn Du den Weg zu Deinem Innern wirklich öffnen willst, dann musst Du die Kontrolle abgeben und vertrauen! Lass Dich fallen und geschehen! Wenn Du Dir nicht selbst vertraust, wer soll Dir dann vertrauen?"

„Da ist was Wahres dran! Ich versuche es!"

Er nickt zufrieden. „Übung macht den Meister. ...und ganz ehrlich: Wer möchte nicht seinen Ballast los werden?"

„Stimmt! Ich schon. Ich gehe es gleich heute Abend an."

„Dann sehen wir uns morgen hier wieder?"

„Sehr gern!", erwidere ich. „Ich freue mich darauf!"

Dann gibt er mir zum Abschied die Hand, wünscht mir einen schönen Nachmittag und Abend und verschwindet. Na ja, so, wie er kommt und geht, ohne dass man ihn sieht.

6

Am Nachmittag habe ich all die Informationen unseres Gespräches sacken lassen. Bin vieles noch einmal in Gedanken durch gegangen. Nun habe ich meine Kopfhörer in den Ohren und höre, auf dem Bett liegend, das Musikstück. Ich merke, dass es mit dem Konzentrieren etwas schwierig ist, da immer wieder Gedanken durch meinen Kopf schießen. Als wollten sie keine Entspannung zulassen. Ich bin unruhig, aber bleibe bei der Übung. Höre noch seine Worte in meinen Ohren. Dann, wie mit einem Mal, als hätte jemand „Jetzt!" gesagt, bekomme ich meinen Kopf frei. Mein Körper entspannt wirklich und ich fühle, wie ich eins mit der Musik werde. Tränen fließen aus meinen Augen und ich muss heftig weinen. Aber es befreit. Macht leicht und zufrieden. Mein Körper wird mit einer wohligen Wärme durchzogen, so wie am Nachmittag.

Später dann setze ich mich hin und nehme den Stift zur Hand, beginne zu schreiben. Es fließt nur so aus mir heraus und meine Hand schreibt, als ginge es um ihre Existenz. Ab und an weine ich wieder, beruhige mich und schreibe weiter. Ich zähle nicht die Blätter, schreibe nur, bis in die Nacht hinein...

III.

1

Am frühen Morgen wecken mich die ersten Sonnenstrahlen. Obwohl ich bis spät in die Nacht schrieb, fühle ich mich frisch und erleichtert. Die Morgentoilette geht schnell von der Hand und auch das Frühstück ist als bald eingenommen. Danach schwinge ich mich aufs Fahrrad und trete fest in die Pedale. Nach einem Gespräch ist mir heute Vormittag noch nicht, aber nach einem ruhigen Plätzchen am Strand.

Ich finde einen abgelegenen Ort, mit ein paar großen Gesteinsbrocken im Sand, und beschließe dort zu rasten. Als ich es mir auf einem der Brocken, so gut wie es geht, gemütlich gemacht habe, lasse ich meinen Blick über die See streifen. Sie ist ruhig heute. So, als wolle sie mir die notwendige innere Ruhe schenken. Trotz des erleichterten Gefühls ist es in mir unruhig. Immerhin habe ich einige Erlebnisse meines Lebens gestern Revue passieren lassen und den Weg aus meinem Inneren geebnet.

Seine Fragen von unserem Gespräch gestern streifen durch meinen Kopf. *Wohin will ich in meinem Leben, in der Zukunft? Was will ich tun? Welche Träume und Ziele habe ich?* Das sind schon entscheidende Aspekte, die es zu betrachten gilt. Ich brauche einen Anhaltspunkt, eine Orientierung in meiner Zukunft, damit ich nicht herumirre. Also horche ich in mich hinein und gehe diesen Antworten auf den Grund und finde mehrere Punkte. Dabei verliere ich jedes Zeitgefühl und nur mein Hunger holt mich aus meiner Forschungsreise ins Innerste zurück. Ich setze mich aufs Rad und besorge mir erstmal etwas zu Essen, bevor ich an unseren gestrigen Gesprächsplatz zurück kehre.

2

Auf der Bank Platz genommen nehme ich heute die Wiese ganz anders wahr. Das Umherfliegen der Insekten und die Farben erlebe ich intensiver. So als wenn mein Sehen genauer, tiefgründiger geworden ist. Ich bin davon ganz gefesselt und bemerke gar nicht, dass Nathanael sich zu meiner Rechten hinsetzt.

„Wenn Du beginnst richtig zu sehen, dann bekommt das Alltägliche eine ganz andere Intensität.", holt er mich aus meiner Faszination. „Alles erscheint intensiver und farbenfroher. Weil Du die Schleier von Deinen Augen entfernt hast und das Licht aus Dir die Farben froher und leuchtender gestaltet."

Ich nicke bestätigend und sage zu ihm: „Schön, dass Du da bist! Ich freue mich, Dich zu sehen!"

Er lächelt zufrieden und bedankt sich. „Nun verstehst Du sicherlich, was ich damit meinte, als ich Dir sagte: Beginne zu sehen!", fährt er dann fort. „Du erkennst mit einem Mal die Schönheit und Anmut der Natur, ihre Pracht und Energie. Das, mein Freund, ist wahres Sehen."

Er nennt mich ‚mein Freund'. Das gefällt mir! Immerhin kennen wir uns auch ewig, wie er meinte.

„Du warst letzte Nacht sehr fleißig gewesen und hast viel Last von Deinen Schultern geworfen. Wie fühlst Du Dich?"

„Leichter, zufriedener und irgendwie auch glücklich. Es war am Anfang schwer, aber mit der Zeit wurde es immer leichter und befreiender. Es war so, als würde meine Hand um ihre Existenz schreiben. Alles floss förmlich aus mir heraus. Ab und an setze ich ab, weil die Tränen ein genaueres Hinsehen unmöglich machten, aber dann ging es im gleichen Tempo weiter. Streckenweise hatte ich das Gefühl, die Nacht würde von der Zeit her nicht ausreichen. Aber ich habe es geschafft und einige

Zettel voll geschrieben."

„Wenn Du den ersten Schritt machst, wird Dir der Weg mehr und mehr erleichtert. Zum Einen, weil Du Deine Blockaden und belastenden Energien in Dir bereinigst. Zum Anderen, weil Du das Bedürfnis nach Befreiung ausschwingst, aktiv dafür arbeitest, somit kommt sie in Dein Leben. Das Gesetz der Resonanz. Gehe die ersten Schritte und das Leben sorgt dafür, dass Dir alles aufgetan wird, damit Du den Weg erfolgreich meistern kannst. Wenn Du fest daran glaubst und vertraust, kommt alles in Fluss und manchmal schneller zu Dir, als Du es für möglich gehalten hast. Wo heute noch Mauern stehen, werden Dir Türen geöffnet. Ohne, dass Du die Klinken berühren musst."

„Das klingt großartig!"

„...und wird es sein! Du hast gestern Abend den Weg begonnen. Nun bleibe auf ihm und vertraue, sei diszipliniert! Dann wird alles so in Dein Leben kommen, wie Du es Dir von Herzen her wünschst. Sei dankbar und demütig dabei, somit wirst Du jederzeit den Boden fest unter den Füßen behalten."

„Das werde ich.", versichere ich ihm zuversichtlich.

„Du hast Dir erste Gedanken über Deine Ziele in der Zukunft gemacht? Über Deine Träume, die Du Wirklichkeit werden lassen möchtest? Wie möchtest Du Dein Leben gestalten?"

„Am Anfang, als ich versuchte, in mich hinein zu lauschen, kamen viele Dinge zu Tage. Aber irgendwie hatte ich das Gefühl, dass sie nicht mehr zu mir passen. Ich meine, klar, wer möchte nicht genügend Geld für ein sorgenfreies Leben haben? Eine glückliche Partnerschaft, die von Vertrauen und Treue geführt wird! Eine kleines gemeinsames Heim, dass man sich so herrichtet, damit sich Beide darin wohl fühlen. Aber es kam mir danach irgendwie lapidar vor. Ich weiß nicht warum? Aber ich hatte später das Gefühl, dass diese Zeit mit Dir hier, die Gespräche und was ich daraus lerne, um mein Leben zu verändern, das

Wichtigste ist. Die Erkenntnisse umzusetzen und mein Leben in ganz neue Bahnen zu lenken sind meine ersten großen Ziele. Sicherlich kommen danach neue, damit ich die Orientierung nicht verliere und herumirre. Aber die werden sich dann zum richtigen Zeitpunkt zeigen."

„Das war sicher ein schwerer Erkenntnisprozess!"

„Oh ja! Es hat etwas gedauert. Aber durch unsere Gespräche lernte ich viele Dinge aus einer anderen Sicht zu betrachten. Dadurch kam ich zu dem Entschluss."

„Ich sehe, Du setzt die Erkenntnisse schnell um. Das freut mich sehr!"

Freude und auch ein bisschen Stolz durchziehen meine Gefühlswelt. Ich sitze gleich viel aufrechter.

„Um auf Deine Äußerung, was Du natürlich gern hättest, zurück zu kommen, so sind dies Begehrlichkeiten. Sicherlich sind sie in Eurer Zivilisation Notwendigkeiten. Doch bleiben wir einmal beim Geld, einem Stück Pergament, dass sicher viel Freude und Wohlstand brachte, aber auch sehr viel Leid. Fehlspekulationen gab es schon immer in Eurer Geschichte. Seitdem Ihr ein Zahlungsmittel hattet, seien es erst die Münzen und Dukaten gewesen, so war es später das Pergament. Doch dass dieses Papier eine falsche Wertschätzung Eurerseits bekam, erkennt man an dem höchsten Stellenwert, dass es hat. Ohne Geld geht in Eurer Zivilisation gar nichts. Die Regale der Supermärkte sind voll. Was nützt es Dir, wenn Du kein Geld besitzt, um Dir etwas zu Essen zu kaufen? Ihr seid abhängig vom Geld, spekuliert damit in einem Umfang, den Ihr nicht zur Verfügung habt, viele leben über Ihre Verhältnisse. Außerdem hat der Unterschied vom Umfang des Besitzes die Kluft zwischen Arm und Reich enorm vergrößert. Es verdeutlicht Euch den Wert Eurer Arbeit. Aber verdient Ihr wirklich soviel, wie es Eurer Leistung nach angemessen ist? Ich meine, wie viel Geringverdiener gibt es, die von zusätzlichen Hilfen, sei es vom Staat oder durch Nebenarbeiten, abhängig sind?! Andere wiederum verdienen das Zwanzigfache durch Ihre Position, obwohl sie nicht einmal die Hälfte der Leistung derer erbringen, die dafür sorgen, dass die Grundlage für den Geldfluss aufrecht erhalten wird. Du erkennst die kranke Situation, die Ihr durch die falsche Wertschätzung des Zahlungsmittels, gepaart durch die Habgier, entstanden ist! Ich weiß, dass es Ausnahmen gibt. Dass gewisse Unternehmer sehr viel arbeiten, um alles am Laufen zu halten und Arbeitsplätze schaffen. Ausnahmen gibt es immer, sie sind leider nicht die Regel. Denn dann würdet Ihr nicht auf den Abgrund zurasen. Geld ist in Eurer Zivilisation notwendig, aber es schafft Unterschiede und nicht immer ein beruhigendes Gefühl, sowie Freude und Freiheit. Hier müsst Ihr die Wertschätzung neu überdenken und gegen Eure Habgier arbeiten, damit Ihr das Ruder herumreißt."

„Ich frage mich seit dem ersten Gespräch, was danach kommen wird? Ich meine, nehmen wir einmal an, diese Art der Zivilisation zerfällt. Was dann? Kehren wir wieder ganz zum Ursprung zurück, gehen in die Wälder und jagen und sammeln? ...und vor allem, wann wird es passieren?"

„Wann es passieren wird, liegt in Euren Händen. Wie lange Ihr diese Ordnung aufrecht erhalten könnt und vor allem in dem Strom mitschwimmt. Wie der Mensch der Zivilisation mit den Herausforderungen umgeht und welche Alternativen er entdeckt, um das Ruder herum zu reißen. Er hat eine Überlebenschance, die hatte er immer. Er muss nur die Lehren aus der Situation ziehen und sie zum Wohle aller umsetzen. Dann kann er es lange genug aufrechterhalten. Das bedeutet, dass Ihr von Innen heraus das System ändern könnt, Eure Werteeinstellungen und Euren Umgang miteinander.

Das höchste Gut, was der Mensch besitzt und ihn von allen

anderen Lebewesen auf der Erde unterscheidet, ist seine Sprache. Die deutlichste Art der Kommunikation und doch wendet er sie in vielen Situationen zu selten an. Das ist sehr schade! Denn Ihr könntet viel mehr regeln, miteinander reden als aneinander vorbei, oder gar zu schweigen. Ehrlichkeit und Authenzität sollten dabei mit diesem Gut Hand in Hand gehen.

Wenn das Trinkwasser knapp wird, damit die Nahrungsmittel, dann werden sich viele Umstände auf der Erde ändern. Darüber haben wir am ersten Tag bereits geredet. Diejenigen, die nach dem Umbruch noch da sind, werden neue Gemeinschaften bilden, eine neue Zivilisation. Diese wird sich aber von der jetzigen unterscheiden. Da die Geschichte sie genügend gelehrt hat, um nicht die gleichen Fehler noch einmal zu machen. Im Einklang mit der Erde, der Mutter Natur, in einer Gemeinschaft zum Wohle aller. Jeder wird mit seinen Qualifikationen seinen Beitrag dazu leisten, in neuen, gleichwertigen Strukturen. Das Zahlungsmittel wird dabei nur ein Ausgleich sein, um die Arbeit des Anderen gebührlich zu entlohnen. Alles beginnt sich auf einer neuen Ebene zu bewegen. Das ist schon ein Sprung, aber auf der Ebene des menschlichen Seins und seinen Werten.

3

Doch kommen wir zu Dir, zu Deinem Weg. Deshalb sitzen wir beide hier. Hast Du schon ansatzweise eine Vorstellung, wohin der Weg Dich führen soll? Du hast Talente, Begabungen. Nutze sie und mache Deinen beruflichen Alltag zur Erfüllung Deiner Träume und Vorstellungen, die sich damit paaren. Suche Dir in dem Arbeit, was Dir Freude bereitet. Du sollst motiviert und voller Elan an diese Arbeit gehen. Das kannst Du nur, wenn Du Freude an ihr hast und sie Dich erfüllt."

Ich antworte nicht gleich, überlege noch ein wenig. *Talente habe ich ein paar, sie aber zu einer Arbeit zusammen zu ziehen, wird etwas schwierig.* „Ich entfalte mich bei der Arbeit gern kreativ, arbeitete in meiner Freizeit viel künstlerisch und war oft unterwegs. Insofern es die finanziellen Mittel zuließen. Ich genieße es, die Natur, die Welt zu entdecken, bildlich festzuhalten und meinen Mitmenschen damit Freude zu bereiten. Sie auf die Schönheit des Ganzen aufmerksam zu machen. Andererseits helfe ich ihnen auch gern, stehe hilfreich zur Seite. Wie soll ich das kombinieren?"

„Ich weiß, dass Du sehr vielseitig bist. Doch die Frage ist, was erfüllt Dich am Meisten? Worin gehst Du vollkommen auf und kannst Dich davon auch ernähren? Du darfst nicht vergessen, Du bist ein Mitglied der Zivilisation und benötigst das Geld, um zu überleben. Es sei denn, Du ziehst morgen in die Wälder und ernährst Dich dort. Was allerdings in der Nähe von Städten und Landwirtschaft etwas schwierig ist, da Ihr den Boden und das, was wild darauf wächst, schon größtenteils mit Pestiziden verseucht habt."

„Hmmm... Was erfüllt mich? Das ist grad schwer zu sagen. Irgendwie bewegen sich da viele Vorstellungen."

„Dann solltest Du Dir die Zeit nehmen und sie nacheinander auf Dich wirken lassen. Bei dem, wo Du das wohligste Bauchgefühl hast, Dich ganz mit Wärme erfüllt, das ist das Richtige für Dich. Wenn Du daran arbeitest, die Weichen für den Weg stellst, dann wird es auch so zu Dir kommen, wie Du es Dir von Herzen wünschst. ...und es wird Dich nicht nur vom Mentalen her erfüllen, sondern auch Dein Leben und Deinen Geldbeutel. Denn Du lebst Deine Berufung, strahlst die Freude und das Glück aus, welche Dich ganz dabei erfüllen. Der erste große Schritt auf dem Weg zum Leben der Fülle. Das Leben sorgt dafür, dass Dein Gabentisch reich gedeckt ist und wenn Du in Liebe davon teilst, wird Dir das Doppelte drauf getan. Was Du von Herzen gibst, wird Dir auch von Herzen zurück gegeben."

„Ich schwanke zwischen einem handwerklichen oder mentalen Beruf. Beides würde mich erfüllen, weil man in Beiden etwas erschafft. Im Handwerk sind es materielle Werte, die benötigt werden. Beim Mentalen ist es das Weitergeben der Erfahrungen, mit denen ich anderen Menschen helfen kann, ihren Weg zu finden."

„Du wirst zum richtigen Zeitpunkt die richtige Entscheidung treffen. Vertraue darauf, vor allem auf Dich, auf Deine Intuition! Dann findest Du auf den richtigen Weg. Mache weiter die Übung mit der Musik, schreibe Dir alles von der Seele, räume in Dir auf! Dann erlangst Du die notwendige Klarheit. Es sind noch einige Schleier in Dir, entstanden aus den Strukturen Deines bisherigen Lebens. Die Werte und Normen, die Dir in deiner Kindheit anerzogen wurden haben sicherlich einen guten Menschen aus Dir gemacht. Einen liebevollen Mitstreiter, voller Humor und einer kindlich angehauchten Seele. Letzteres ist sehr gut. Denn die Menschen Eurer Zivilisation haben die innere Leichtigkeit im Laufe Ihres Lebens verloren. Sie gehen starr vom Kopf her, ganz in ihrer Struktur befangen, an die Lösung von Problemen, Aufgaben oder Herausforderungen heran. Sie hören dabei zu wenig oder gar nicht auf ihr Bauchgefühl, ihre Intuition, und wundern sich, warum der erwartete Erfolg nicht eintritt. In der heutigen Zeit erlangst Du mehr, wenn Du Deiner Intuition folgst und mit dem Herzen siehst und denkst. Die Welt befindet sich in einem Umbruch. Das alte Weltenjahrtausend ist zu Ende und das neue formiert sich gerade. Die fünfte Dimension ist die neue Stufe und sie steht für Harmonie, Liebe und Frieden. Alles Zeichen für ein Miteinander auf Herzensebene. Natürlich sollte man den Kopf nicht ganz ausschalten. Aber er dominiert nicht mehr wie im vergangenen Jahrtausend. Du kannst mit Offenheit, Liebe und Ehrlichkeit mehr bewegen, als mit den Gütern des Verstandes. Denn er benutzt nicht nur die positiven dabei, sondern bedient sich gern, wenn er es für nötig hält, auch der negativen, wie zum Beispiel Lügen und Intrigen. Doch dass diese in der neuen Zeit nicht bestehen können, zeigt, dass die Wahrheit sich immer schneller die Wege sucht, um an die Oberfläche zu gelangen. Sie findet den Weg und das schneller, als je zuvor. ...und jene, die an der Lüge festhalten, versinken im Sumpf und niemand wird sie daraus retten. Selbst wenn sie dann wirklich die Wahrheit sprechen. Man glaubt ihnen nicht mehr. Wer Vertrauen missbraucht, darf sich nicht wundern, wenn ihm niemand vertraut."

„Das stimmt. ...und ich werde mir gerade bewusst, dass ich manchmal auch eine Notlüge verwendet habe, wo ich im Nachhinein erkannte, dass die Wahrheit zu sagen besser gewesen wäre. Doch solche Einsicht ist dann meist zu spät. Wenn das Kind erstmal in den Brunnen gefallen ist, bekommt man es schwer wieder heraus."

Nathanael nickt. „Authentisches Auftreten bringt Dir mehr, als wenn Du Deinen Mitmenschen mit einer Maske begegnest. Du kannst keinem Menschen vertrauen, bei dem Du kein gutes Gefühl hast. Eine Maske bedeutet immer Unehrlichkeit."

„Aber ist sie nicht auch Schutz?"

4

„Wer etwas zu verbergen hat, der muss sich schützen. Wer authentisch ist, sich nicht verstellt, der muss ich auch nicht schützen. Denn seine Mitmenschen gehen so auf ihn ein, wie er sich gibt. Das Gesetz der Resonanz. ...und wenn etwas unbewusst im Argen liegt, dann spiegeln sie es ihm. Wer in Liebe handelt, der verändert seine Umgebung und selbst die verschlossenen Menschen öffnen sich. Liebe kann so vieles verändern, mehr, als der

Mensch in seiner Vorstellung ausmalen kann. Die schönste Sache der Welt, das großartigste Gefühl, ist Dein größter Schutz. Paare es mit Respekt, dann bewegst Du Dich auf der richtigen Seite und wirst merken, dass die Menschen Dir wohl gesonnen sind. Auch, wenn Du einmal genervt scheinst oder nicht gut drauf bist, sie nehmen es Dir nicht übel. Denn unterschwellig schwingt die Liebe und der Respekt. Du solltest Dir eines gut verinnerlichen: neunzig Prozent Eures Handels kommen aus dem Unterbewusstsein, zehn Prozent nur aus dem Bewusstsein. Alles, was Dein Leben geformt hat, Traumas, die Du erlebt hast, sind in Deinem Unterbewusstsein gespeichert und schwingen mit. Deshalb ist diese Übung mit der Musik ein gutes Ventil, alles heraus zu lassen und Dich zu befreien. Musik berührt Euch im tiefsten Innern, regt Eure Gefühlswelt an und schwingt in die tiefsten Sphären des Unterbewusstseins. Deshalb auch bei mehrfacher Übung dieser schöne Nebeneffekt. Du kannst Dich von Deiner Last befreien, wenn Du es wirklich willst. Du hast diesen Weg begonnen. Aber viele Menschen bleiben lieber in ihrem Sumpf, auch wenn sie bis zum Kinn darin eingesunken sind. Sie möchten nur, dass jemand kommt und dafür sorgt, dass kein Anderer darin Wellen verursacht. Aber ihr Leben verändern, damit sie aus dem Sumpf herauskönnen und sich frei bewegen, das wollen sie nicht wirklich. Dafür ist ihnen diese alte Struktur viel zu vertraut. Sie hat doch bis zum heutigen Tag funktioniert, also wird sie es auch in der Zukunft. Nur wer den Sumpf verlässt, sich herausholen lässt und seinen Teil, den größten wohl bemerkt, dazu leistet, wird die Freiheit spüren und kann sein wahres Leben beginnen. Denn man darf nicht vergessen: Ein jeder stand einmal nur mit den Füßen darin und ist von Jahr zu Jahr ein klein wenig tiefer darin eingesunken."

„Aber man hat auch schon Angst dabei. Vor der großen Frage, was wohl danach kommt?!"

„Eine von Euren Urängsten ist die Angst vor Veränderungen. Deshalb bleiben auch viele in ihrem Sumpf. Aus diesem Grund fallen Euch Veränderungen schwer und ihr zweifelt viel an Eurer Entscheidung. Diese Urangst wird Euch mit in die Wiege gelegt und bei vielen Entscheidungen im Kindesalter verdeutlicht. So dass Ihr Euch ihrer Existenz stets bewusst seid."

„Was kann man dagegen unternehmen?"

„Auch das Gegenmittel wurde Euch mit in die Wiege gelegt. Doch es ging im Laufe der Zeit verloren. Es ist das Urvertrauen, zu dem Ihr im neuen Weltenjahrtausend zurück geführt werdet. Wenn Du dem Fluss des Lebens vertraust, vor allem Dir selbst, dann wird alles in den richtigen Bahnen verlaufen. Es wird Dir gegeben, was Du für Deinen Weg benötigst und Tore geöffnet, wo vorher Wände waren. Konzentriere Dich auf das Positive in Deinem Leben, handle in Liebe und Freude und lass Deine Mitmenschen an Deinem Glück teilhaben, dann wirst Du Gleiches tausendfach ernten. Vertraue dem Leben und vor allem Dir selbst, bleibe Deinem Weg treu und diszipliniert, so wird alles geschehen, wie Du es Dir von Herzen wünschst. Zweifle und Du baust Blockaden, wo keine sein müssten. Du alleine entscheidest mit Deinem Denken, Fühlen und Handeln wie Dein Leben aussehen wird. Niemand anderes! Alles liegt in Deinen Händen und wenn Du das erkennst und beginnst umzusetzen, so wirst Du all das erfahren, was ich Dir hier geschildert habe. Du kannst damit hier und jetzt beginnen und dabei Deine Last von Dir werfen. Desto mehr Du Dich befreist, desto klarer wird Dein Sehen, Fühlen und Handeln. Du kommst in den Fluss und dann brauchst Du nur Deinem Urvertrauen folgen und schon wird all das geschehen.

Es ist kein Prozess, der von heute auf morgen geht. Es braucht etwas Zeit. Aber es liegt an Dir, wann Du damit beginnst. Heute, morgen oder erst kommende Woche, das liegt in Deinen Händen. Desto eher Du beginnst, umso schneller kann all das Erwünschte zu Dir kommen, alles, was zu Dir und Deinem Leben gehört."

„Begonnen habe ich ja schon. Nun sollte ich meine Denkweise ändern. Meine Intuition aufwecken und lernen, auf sie zu hören."

„Richtig! Das sind die weiteren Schritte, die nun vor Dir liegen und im Laufe der kommenden Tage Realität werden. Wenn Du den Weg weiter gehst und an Dir arbeitest. Mache die ersten Schritte und das Leben erleichtert Dir den Weg. Du darfst auch einmal rasten und schauen, ob Du Dich in die richtige Richtung bewegst. Denn Dein Verstand wird nicht kampflos aufgeben. Er wird Dir immer wieder Zweifel zwischen die Beine werfen und versuchen, Dich in den Sumpf zurück zu bewegen. Doch Deine Intuition und das Urvertrauen helfen Dir dabei, den Weg weiter zu gehen. Letzteres zu schärfen dient die Übung mit der Musik. Gehe hinaus und erfreue Dich an der Schönheit der Natur, genieße und sauge ihre Kraft ein. Sie hat ein unendliches Potential und gibt Dir gern davon ab. Erkenne die Schönheit des Lebens und sei dankbar dafür, dass Du sie genießen und leben darfst!"

„Ich spüre die Veränderungen, merke, wie sich alles in mir neu formiert. Es ist schwer zu beschreiben, aber ein aufregendes und schönes Gefühl. So voller Wärme und Wohlbehagen. Das kannte ich in der Art vorher nicht und ich fühle, wenn ich es zulasse, wie glücklich es mich macht."

„Das freut mich und zeigt Dir, welche Freiheit und Weite in Dir steckt und zum Leben erweckt werden will. Bleibe offen, so offen, wie Du in meiner Gegenwart bist. Sei genauso authentisch wie in diesem Augenblick und lass die Menschen an Deiner Liebe und Freude Teil haben. So werden sie Dir mit Freude und Liebe beggnen. Du öffnest in Ihnen den Weg zum Herzen und zeigst ihnen vielleicht genau das gleiche Gefühl, welches Du gerade kennen gelernt hast. Damit gibst Du jedem Einzelnen der Masse genau das, was sie brauchen, um umzudenken. Dieser kleine Anstoß kann viel mehr bewirken als tausend Worte. Denn er kommt vom Herzen und berührt, trifft genau ins Schwarze."

Ich lehne mich zurück und spüre die Wärme und Harmonie in mir. Zum ersten Mal nach langer Zeit komme ich innerlich wirklich zur Ruhe. Es ist ein wunderbares Gefühl und lässt die letzten Wehwehchen des Körpers vergessen. Ich kannte bis heute noch nicht diesen schönen Zustand, diesen Einklang zwischen Körper und meinem Inneren, meiner Seele. Aber es ist ein Empfinden, das man nicht mehr gehen lassen möchte. Alleine dafür lohnt sich schon diese Reise, die Gespräche mit ihm. Nach drei Tagen erreiche ich einen Gefühlsmoment, den ich in meinem Leben bisher so nie erlebt hatte. ...und er ist großartig! Fantastisch! Macht mich neugierig auf all das, was da in der Zukunft noch kommt! Er steigert meine Freude auf weitere Gespräche in den kommenden Tagen und motiviert mich noch mehr, die Übung weiter zu machen und all den restlichen Ballast los zu werden.

5

Wir sitzen eine Weile noch stumm nebeneinander und genießen die warme Abendsonne und den Blick auf die Ostsee. Der Frieden in uns und um uns herum lässt uns eins mit der Natur werden und ich fühle, wie mein Körper mehr und mehr an Kraft gewinnt. Als würde mich ein Stecker mit ihr verbinden und meine Akkus aufladen.

„Dieser Frieden ist eine Spiegelung Deines Inneren und lässt Dich deshalb eins mit der Natur sein.", unterbricht Nathanael die Stille. „Du wirst eins mit der Natur, ihren Geräuschen und

ihrer unglaublichen Stärke. Sie ist mächtiger und kraftvoller, als alle Kernkraftwerke der Erde zusammen. Sie hat es Euch öfters spüren lassen und wenn Ihr lernt, mit ihr im Einklang zu leben und aufhört, sie nur auszubeuten, dann wird sie Euch an ihrer Kraft Teil haben lassen. In ihr stecken so viele Erfahrungen und Weisheiten aus Milliarden von Jahren. ...und Ihr könnt eins mit ihr sein, anstatt Euch gegen sie zu stellen und zu glauben, sie einmal beherrschen zu können."
Er steht auf, schaut mich an und reicht mir seine linke Hand:
„Von Herzen gegeben, vom Herzen angenommen."
Ich reiche ihm wie automatisch ebenso die linke Hand.
„Ich wünsche Dir noch einen wundervollen Abend und genieße noch ein wenig diesen Frieden im Innern und im Außen mit der Natur."
„Ich danke Dir für diesen Tag und freue mich schon auf Morgen! Auch Dir einen schönen Abend! Vielen dank!"
Nathanael lächelt zufrieden und bedankt sich bei mir. Danach geht und verschwindet er.
Ich bleibe noch einen Augenblick sitzen und genieße, bevor ich meine Heimfahrt ins Hotel antrete und mich dem Abendessen widme.

IV.
1

Nach dem Abendessen machte ich wieder meine Übung und schrieb danach weitere drei Seiten voll. Dieses Mal war meine Hand nicht ganz so eifrig, wie den Abend zuvor. Die emotionalen Entladungen hielten sich ebenso in Grenzen, was mir zeigte, dass die große Masse bereits abgearbeitet war. Zufrieden schlief ich mit der Musik im Ohr ein und hatte dabei dieses warme wohlige Gefühl in mir. Gegen drei Uhr wurde ich wach, machte meinen MP3-Player aus und legte ihn auf den Nachttisch. Dann schlief ich entspannt bis in den Vormittag hinein. Ich kam gerade noch rechtzeitig zum Spätaufsteherfrühstück ins Restaurant. Jetzt sitze ich auf einer Bank an der Uferpromenade und beobachte das rege Treiben am Strand. Hinunterzugehen habe ich keine Lust. Der sichere Abstand schenkt mir ein friedliches und entspanntes Gefühl. Seit gestern Abend habe ich diesen Frieden in mir und sehe alles gelassener. Diese angehende Ruhe beim Gespräch hat nun ihren festen Platz in mir gefunden. Ich merke, wie ich die Dinge klarer und deutlicher wahrnehme, so wie auch mein Gedankenwirrwarr der letzten Tage entknotet scheint und nun nach einander in meinem Kopf vorbeiziehen. Ich teste dabei, wie gut ich auf mein Bauchgefühl hören kann und stelle fest, wenn ich es ohne Druck mache, kann ich das wohlige oder unwohle Gefühl wahrnehmen und sehr gut voneinander unterscheiden. *Habe ich nun endlich den Weg zu meiner Gefühlswelt, meinem Herzen gefunden? Schön wär's ja!*
Irgendwann platzt mein Hungergefühl dazwischen und ich beschließe, auf Grund der Hitze heute, mir nur eine Kleinigkeit zum Mittag zu gönnen. Mit etwas Leichtem im Magen lässt es sich besser miteinander reden und die gewonnenen Erfahrungen umsetzen. Ein zu voller Magen beschert nur

gen umsetzen. Ein zu voller Magen beschert nur Trägheit und lässt einen schnell müde werden. Das kann ich beides nun gar nicht gebrauchen!

Nach dem Essen schwinge ich mich aufs Fahrrad und auf geht's zu unserem Sonnenplatz der Erkenntnis, wie ich ihn mittlerweile bezeichne.

2

Als das kleine Waldstück die Wiese freigibt, bleibe ich stehen und stelle fest, wie wunderschön dieser Ort wirklich ist. *Morgen sollte ich das Bild fotografieren. Als Erinnerung an die interessante und schöne Zeit.*

Ich laufe hinüber zur Bank und nehme voller Erwartungen darauf Platz. Es hat sich schon viel in mir getan. Nathanael ermöglichte mir neue Sichtweisen auf das Leben, den monotonen Abläufen des Alltags und den Blick hinter die Kulissen. *Wer auch immer er ist, ihn zu treffen, war und ist eine der größten Bereicherungen meines Lebens! Dafür alleine hat sich die Reise auf die Insel gelohnt.*

„Ich danke Dir!", wirft er ein und setzt sich neben mir auf die Bank. Ich war zu tief in Gedanken versunken und habe ihn gar nicht bemerkt.

„Es stimmt! ...und ich freue mich auf all das Andere, was noch auf mich zukommt!"

„Dein Blick wird über den Tellerrand hinaus gehen und die Sicht auf all das Wundervolle, was das Leben beinhaltet, erweitern. Das Leben ist eine großartige und vielseitige Reise, voller Wunder, Herausforderungen und Überraschungen. Die wichtigste Reise darin ist die zu Dir selbst."

„Das habe ich die letzten zwei Tage intensiv gemerkt und es hat in mir einen Ehrgeiz geweckt, diesen neuen Weg weiter voran zu gehen. Denn ich merke bereits jetzt, wie sehr er mich verändert und wie gut ich mich dabei fühle. Meine Verspannungen schwinden und mein Gang wird aufrechter, selbstbewusster."

„Das stimmt. Weil Du Dich der Lasten entledigst und Freiraum für etwas Neues schaffst. Etwas Besseren und Schöneren als bisher. Natürlich hat das auch Auswirkungen auf Dein Selbstbewusstsein und Selbstwertgefühl. Beides baust Du dabei kontinuierlich auf. Ein gesunder Egoismus ist für die Erkennung des eignen Wertes wichtig. Dieser zeigt Dir, wer Du bist und wie viel Du mit all Deinen Facetten wert bist. Ohne, das betone ich immer wieder, den Boden unter den Füßen zu verlieren! Stelle Dich nie über andere Menschen, oder fühle Dich über sie erhaben, weil Du meinst, Du bist mehr wert als sie! Dieser Prozess geht mit Dankbarkeit und Demut Hand in Hand. Sei dankbar für all das Wundervolle und die Herausforderungen, die Dir in Deinem Leben gegeben werden! Denn sie haben Dich bis hierher gebracht. Dir den Weg für die Erkenntnis und die Veränderungen geebnet. Alles, was bisher geschehen ist, war notwendig, um Dich an diesen Punkt Deines Lebens zu bringen."

Ich nicke bestätigend und spüre die Verantwortung für mich und mein Leben in mir. Zum ersten Mal ist sie gegenwärtig. *Ich habe das Gefühl, als lege mein Leben im Schoß meiner Hände und wartet nur darauf, von mir selbst neu geformt zu werden. Das ist es doch eigentlich, was unser Leben auf Erden ausmacht!*

„So ist es. Zum ersten Mal schaust Du hoch zum Tellerrand und bist bereit, darüber hinweg zu sehen."

„Es ist ein großartiges Gefühl. Es lässt mich frei atmen und beschert mir Glücksmomente. Einfach großartig!"

Nathanael schmunzelt. „Das ist das Leben. Frei und wundervoll für jeden, der es erkennt und leben will."

Wir sitzen einen Moment schweigend nebeneinander. Ich genieße das Ausleben dieses Augenblicks. Mir wird bewusst, was es wirklich bedeutet: „Genieße jeden Augenblick!". Heute und hier kann ich es endlich. *Danke dafür! Tausendmal danke!*

3

„Bist Du für ein weiteres Voranschreiten bereit?", unterbricht er die Stille.
Ich nicke.
„Gut. Dann überlege bitte einmal und sage mir, welche die älteste Institution der Evolution der Lebewesen auf der Erde ist?"
Im ersten Moment bin ich ratlos. Doch dann versuche ich, meinen Blick zu erweitern und das Leben auf der Erde in Zeitraffern zu betrachten. *Es ist Wahnsinn, was sich einem da eröffnet. Mir fällt etwas bei den Tieren und auch Menschen auf, sei es bei den Urmenschen oder Dinosauriern, wie bei vielen Tieren heute und ebenso den Menschen. Egal, ob sie in der Zivilisation oder im Einklang mit der Natur leben. Es gibt etwas, was sich über Millionen von Jahren hingezogen und noch heute Bestand hat.*
„Es ist die Familie. Eltern und Kinder. Es gab sie immer. In der Tierwelt, wie auch bei den Menschen. Die Familie steht an oberster Stelle."
„Genau, sie ist es! Die Familie."
„Obwohl ich feststellen muss, dass sie bei uns Menschen heute nicht mehr so oft den Stellenwert hat, wie früher."
„Auch das stimmt leider. Doch woher kommt es? Wir sprachen bereits darüber."
Ich schaue ihn verwundert an. *Woran liegt es? Es gibt sicherlich tausend Gründe.*
„Denke an Eure heutige Einstellung. Dann kommst Du schnell darauf.", ermutigt mich Nathanael.

„Du meinst die Werteeinstellung der Menschen?"
Er nickt zustimmend. „Sieh, die Werte in Eurer Zivilisation haben sich verschoben. Es gibt mehr Trennungen und Scheidungen als jemals zuvor. Was nicht bedeuten soll, dass man eine Beziehung krampfhaft aufrecht erhalten soll, wenn es zwischen Beiden nicht mehr funktioniert. Aber es gibt auch Menschen, die Beziehungen eingehen, weil sie nicht alleine sein wollen. Weil sie mit sich selbst nicht klar kommen und auch die Konfrontation lieber meiden und ihre Probleme in die Beziehung legen, weil sie hoffen, sie werden dann schon gelöst. Es gibt zu soft Trennungen und Scheidungen, wo Kinder eine wichtige Rolle spielen. Sei es, weil man sich der Verantwortung entziehen will, wie es einige Väter schon vor der Geburt tun, oder eine völlige Überforderung zu Streit und Missständen führt. Leider werden auch die Kinder zu Streitobjekten, ausgenutzt für die eigenen Interessen, ohne Rücksicht auf die Traumen, die solche Situationen und Umstände bei ihnen hinterlassen.
Aber es bedarf in einigen Familien nicht einmal der Trennung oder Scheidung, dass mit Kindern umgegangen wird, als wären sie nur Anhängsel oder eine Last. Auch das habe ich schon gesehen und war schockiert, wie mit ihnen verfahren wird. Wie ihnen Süchte vorgelebt werden, vom Alkohol bis hin zu weiteren Drogen, die sie eines Tages übernehmen und weiterleben, wenn sie mit ihrem eigenen Leben später nicht zu Recht kommen.
Oder in gewaltbereiten Familien, wo Schläge an der Tagesordnung sind, oder gar rassistische Einstellungen. Was Kinder in ihrem Elternhaus erleben, nehmen sie mit in ihr zukünftiges Leben. Es prägt sie und macht ihre Werte aus. Wenn sie Süchte erleben, werden sie Süchte ausleben. Wenn sie Gewalt erfahren, so werden sie ihre Vorstellungen und Ideale mit Gewalt erkämpfen. Oder als völlig introvertierte Wesen ihr Dasein fristen. Wenn Kinder Scheidungen und Trennungen erleben und ihnen

nicht ehrlich erklärt wird, warum, dann werden sie Bindungsängste aufbauen und zu eigenen, richtigen Beziehungen nicht in der Lage sein. Ein Nähe-Distanz-Problem liegt dieser Ursache zu Grunde. Häufig auch bei Kindern, die ungeliebt in der Familie integriert sind und dieses über ihre Kindheit hinweg spüren. Dabei kommt dann häufig ein fehlendes Selbstwertgefühl hinzu. Viele Probleme der Menschen rühren aus Zeiten der Kindheit und der Jugend, die heute noch Einfluss auf Entscheidungen und Sichtweisen nehmen. Von denen gilt es sich zu befreien und loszusagen, damit man das eigene Leben beginnen kann.

Andererseits gibt es auch Familien, in denen die Kinder den Ton angeben und mit ihren Eltern umgehen, wie mit Bediensteten. Die Eltern sind mit der Situation völlig überfordert und können mit der Frucht ihrer Erziehung nicht umgehen. Auch hier steht oft Gewalt in verbaler und physischer Art an der Tagesordnung. Die Kinder machen, was sie wollen und geraten dabei all zu oft auf die kriminelle Bahn.

Genau das Gegenteil ist der Fall, wenn Eltern in jeglicher Art zu dominant sind und das Kind sich täglich die Liebe und Zuneigung erarbeiten muss. Es kommt auch immer noch vor, dass Kinder die Wunschberufe der Eltern erlernen, um ihre Träume auszuleben. Ohne dabei auf ihre eigenen Rücksicht zu nehmen. Das Erwachen kommt dann meist erst viel später und führt zu radikalen Veränderungen im eigenen Leben, wenn die nötige Kraft und der erforderliche Mut aufgebracht wird."

„Das Letztere war bei mir auch der Fall. …und ich brauchte lange, um den richtigen Weg für mich zu finden. Vor allem der Mut war dabei eine große Notwendigkeit."

„Aber Du hast rechtzeitig Dein Leben verändert."

Ich nicke.

„Das waren auch nur ein paar Beispiele, die Dir zeigen sollen, welche teils krankhaften Zustände in Familien vorzufinden sind.

Das hat mit dem Ursprung der Familie nicht viel zu tun. Solche Familien entfernen sich radikal davon. Den Preis dafür sehen wir an den Kindern und auch oft an den Eltern, die durch Schuldgefühle und Zweifel geplagt werden.

Es gibt auch Fälle, in denen die Großeltern die Erziehung übernommen haben und den Kindern oft die fehlenden Grenzen aufgezeigt wurden. Viele Kinder dabei auch völlig den Bezug zu den eigenen Eltern verloren haben und oftmals die Stelle des Kindes der Großeltern einnehmen. Was zu vielerlei Problemsituationen führen kann.

Selbstverständlich gibt es auch Fälle, in denen den Kindern nichts Besseres hätte passieren können und sie wohlbehütet aufgewachsen sind. Das darf man dabei nicht außer Augen lassen. Genauso, wie es viele Familien gibt, in denen die Kinder ein wundervolles Zuhause haben und eine hervorragende Erziehung genießen. Sie ihren Talenten nach gefördert werden und somit bestens auf das eigene Leben vorbereitet. Die Anzahl derer Familien überwiegt, dem Himmel sei Dank, den anderen Familien.

Familie bedeutet Zuneigung, Geborgenheit, Liebe, Sicherheit, Verständnis und vor allem Entfaltung der eigenen Seele. Letzteres natürlich in Demut und Dankbarkeit, im Bett der Familie. Natürlich gibt es hier und da mal Diskussionen oder Streit, aber es findet sich immer ein Weg, wie diese gelöst werden können. Hierbei spielt die Kommunikation ein wichtige Rolle, das Reden und Zuhören. Das genaue Zuhören ist dabei wichtig! Nicht nur das herausziehen, was in der eigenen Argumentation wichtig ist. Der so genannte Familienrat, wie er früher in der Geschichte der Evolution öfter abgehalten wurde, als die Familie zusammen am Tisch oder in der gemeinsamen Runde wichtige Dinge beriet, fehlt heutzutage in vielen Familien. Dabei leistet er einen großen Beitrag zum Zusammenhalt der Familie und der Kom-

munikation untereinander. Hierbei werden Missverständnisse vorgebeugt oder bereits entstandene aus dem Weg geräumt. Wie empfindest Du heute Deine Kindheit?"
Ich gehe in mich und lasse mehrere Erinnerungen Revue passieren. Bestimmte Ereignisse, die Spuren hinterlassen haben, seien sie gut oder weniger schön gewesen, sind in dem Moment wieder stark präsent. *Es ist erstaunlich, wie genau diese Ereignisse in meinem Gedächtnis verankert sind. Ich dachte, ich hätte sie bereits aus meinem Kopf gelöscht...*
„Wenn ich so diese Zeit in meinem Leben genauer betrachte, kann ich zufrieden feststellen, dass ich eine schöne Kindheit hatte. Unsere Eltern verreisten oft mit uns, wir waren naturverbunden, hatten einen Garten und haben uns eingebracht und dadurch gut entwickelt. Ich hatte eine schöne Schulzeit und immer Freunde an meiner Seite. Mir wurden, so gut es ging, Wege geebnet, um mich zu entfalten. Natürlich gab es Situationen, in denen ich mich missverstanden vorkam, wo es Streit- und Diskussionspotential gab und ausgetragen wurde. Aber das gehört dazu. Denn nur so konnte ich mich entwickeln und meinen Weg finden. Auch wenn ich ihn im Laufe der Zeit hier und da öfter korrigierte. Doch das gehört ebenso dazu, wie die Lehren umzusetzen und sich damit weiter voran zu bringen. Ich habe gelernt zu kämpfen und nie aufzugeben. Der Sportsgeist aus Kindheitstagen lebt noch heute in mir und ermöglichte mir jeder Zeit, für mein Recht und meine Ziele einzustehen und zu kämpfen. Wobei Gewalt für mich zu keiner Zeit ein Thema war. Eher die Diplomatie und das Geschick, überzeugend die wahrheitsgetreuen Argumente vorzubringen. Ja, ich hatte eine schöne Kindheit und ich bin sehr dankbar dafür!"
„Hast Du es Deinen Eltern auch gesagt?"
„Ja, das habe ich. Nachdem ich hier und da von anderen Menschen erfahren habe, welche Lasten sie aus ihrer schweren

Kindheit mit sich herumtragen, habe ich es ihnen öfter gesagt. Sie gehen dann gern in Rechenschaft für eventuelle Fehler, wo ich dann immer sage, dass es völlig irrelevant ist. Ich hatte eine schöne Kindheit mit Entwicklungsmöglichkeiten und dafür bin ich dankbar. Ich habe manchmal das Gefühl, dass es ihnen schwer fällt, das so anzunehmen. Aber es ist so. …und ich denke, dass ich es ihnen auch oft zeige, so gut ich es kann.", versuche ich mich nun zu rechtfertigen.

Er lächelt. „Für Eltern gibt es keine Probezeit, in der sie mal für zwei drei Wochen ein Baby in die Hand bekommen und schauen können, ob alles so funktioniert, wie sie es sich vorstellen. Wenn das Kind geboren wird, beginnt der neue Weg und damit auch viele Lern- und Entwicklungsprozesse ihrerseits. Nicht nur für und beim Kind allein. Sie geben unbewusst die positiven Erfahrungen aus ihrer Erziehung in die ihres Kindes weiter. Eventuell weniger schön gefühlte Entscheidungen versuchen sie bei ihren Kindern anders zu lenken. Das nennt man eine spätere Korrektur und Auflösung gefühlter Ungerechtigkeiten und Fehler. Doch viel später erkennt man oft die Notwendigkeiten, die zu der Zeit dahinter steckten und vor allem die guten Absichten der Eltern. Denn auch sie hatten ihre Erfahrungen und Erlebnisse in ihrer Kindheit und Erziehung. Die Erziehung der nachfolgenden Generationen einer Familie wird immer von einem roten Faden aus bestimmten Werten, Erfahrungen und Korrekturen über die Zeiten hinweg durchzogen. Man könnte es auch eine familieninterne Evolution über die Generationen hinweg nennen. Natürlich spielen dabei gesellschaftliche Aspekte und Entwicklungen eine entscheidende Rolle. Doch der rote Faden bleibt. So lange, bis es keine Nachkommen mehr gibt. Dann wird diese Evolution gestoppt."

„Ich habe aber auch Menschen getroffen, die zu ihren Eltern gar keine Verbindung mehr hatten und nicht wirklich ein gutes

Haar an ihnen ließen."

„Es gibt Ereignisse in Familien, die unüberwindbare Hürden darstellen und jegliche Verbindung zwischen Eltern und Kindern zerstören. Versuche der Annäherung scheitern, weil im tiefsten Innern die Vorwürfe so groß sind, dass sie jedes Mal Einfluss auf die Annäherung nehmen."

„…und wie können sie das bereinigen? Ich meine, wenn die Eltern eines Tages sterben, dann bleiben hier und da Schuldgefühle zurück, dass man den Frieden miteinander nicht geschlossen hat. Das hinterlässt doch bleibende Wunden. Oder sehe ich das falsch oder habe da eine falsche Sichtweise?"

„Das ist von der Situation des Bruchs abhängig. Manche Ereignisse sind so gravierend, dass die verletzte Seite nicht über ihren Schatten springen kann. Sie suchen sich dann Ersatzfamilien. Das können Freunde sein, oder später ist die eigene, neu gegründete Familie der einzige Halt. Schwiegereltern können dabei ebenso einen Platz einnehmen.

Es gibt auch Waisen, Heimkinder, die in Pflegefamilien groß werden, oder Adoptiveltern haben. Kinder, die unerwünscht weggegeben werden und so weiter… Es gibt viele Schicksale und Umstände, warum Kinder keinen Bezug zu ihren wahren Erzeugern haben. Wie es gern in Eurer zivilisierten Sprache ausgedrückt wird. Da hilft in gewissen Situationen keine Kommunikation oder Annäherung, weil es keinerlei Verbindung zwischen den beiden Seiten gibt. In manchen Fällen suchen die Kinder nach ihren wahren Eltern und finden sie auch. Dann ist die Kommunikation das wichtigste Bindeglied, wenn sie auf einer authentischen und ehrlichen Ebene stattfindet."

„Ohne Kommunikation geht eben gar nichts."

„Mit der Kommunikation steht und fällt vieles auf Erden. Die Sprache ist das höchste Gut, das Euch Menschen gegeben wurde und Euch von allen anderen Lebewesen unterscheidet. Je-

doch nutzt Ihr sie viel zu selten. Ihr müsst das Zuhören wieder erlernen, wie auch die Sprachführung im Sinne der Wahrheit. Zu viele Lügen und Intrigen kursieren zwischen Euch Menschen und sie macht nicht einmal vor der Familie und zwischen Freunden halt. Das Miteinander der Menschen beruht auf Respekt, Vertrauen und Kommunikation. Damit könnt Ihr mehr erreichen, als alle anderen Lebewesen auf Erden. Nur über sie dürft Ihr Euch nicht stellen."
„Alles ist eine Einheit, ein Miteinander im Fluss des Lebens."
Nathanael nickt zufrieden. „So ist es. ...und es ist schön, dass diese Worte aus Deinen Mund kommen.

4

Wenn Ihr Menschen mehr miteinander reden würdet, anstatt aneinander vorbei, könnten viele Missverständnisse im Ursprung bereinigt werden. Das Zwischenmenschliche sollte auf mehr Respekt und Herzlichkeit gehoben werden, egal an welchem Ort und in welcher Situation. Gehe respekt- und liebevoll mit einem Menschen um, so wird er ebenso zu Dir sein. Weil er nicht anders kann. Wut und Frustration lösen sich dann im Nichts auf. Du tust damit nicht nur Dir einen Gefallen, sondern ebenso Deinem Gegenüber. Indem Du ihn davon befreist.
Wenn Ihr das in familiären Kreisen praktiziert, werden viele Probleme und Missstände verschwinden. Redet offen und frei miteinander, voller Liebe und Respekt. Dann verändert Ihr die Gesamtsituation und könnt gemeinsam Probleme und Herausforderungen anpacken und lösen. In Gemeinschaft fällt so etwas immer leichter, vorausgesetzt, es ziehen alle an ein und demselben Strang. Was in der Familie größtenteils der Fall ist.
Kommt es doch einmal zu starken Diskrepanzen, so sollten die Familienmitglieder immer die Möglichkeit eines sachlichen

Gespräches in der ‚Ich'-Form wählen. Das bedeutet, dass man seinen Gegenüber nicht auf die Anklagebank stellt und in Sätzen redet, wie zum Beispiel: ‚Ich habe das so empfunden…' oder ‚Ich sah das persönlich aus der Perspektive…'. Damit lasst Ihr Eurem Gegenüber Spielraum, um sich zu der Situation zu erklären. Ihr schafft dadurch eine gleichberechtigte Ebene. Sucht auf alle Fälle die Klärung und schiebt sie nicht vor Euch her. Denn irgendwann, so, wie Du es gesagt hast, ist es zu spät und die klärenden Worte wurden nie ausgesprochen.
Die Familie ist die älteste Institution in der Evolution der Menschen und aller anderen Lebewesen, wobei Ihr alle eine große Familie seid. Eins mit der Natur und der Erde, auf der Ihr lebt. Wenn Ihr das versteht und umsetzt, werdet Ihr noch lange etwas von Eurer Erde haben und auf ihr leben.
Doch ich möchte mit Dir gern noch über eine weitere Familie von Dir sprechen…"
Hähh…??? Was für eine weitere Familie? Ich bin verwirrt. „Was meinst Du? Ich habe nur die eine!"
Nathanael lacht. Dann fährt er fort: „Du hast auch noch eine zweite, diesmal hier auf Erden selbst gewählte Familie. Dein Freunde."
„Ach so! Ja, das stimmt. Ich habe nicht viele Freunde, dafür aber Richtige."
„Auch das war ein längerer Prozess in Deinem Leben und die Art der Menschen, die Dich umgeben, hat sich ebenso verändert, wie es bei Dir geschah. Anfangs hattest Du viele Freunde, ein paar, die Dich länger begleiteten. Heute sind es wenige und wahre Freunde. Ich möchte es Dir versinnbildlichen:
Du stehst im Zentrum vieler Kreise, die nach außen hin immer größer werden. Menschen, die dicht bei Dir sind, im innersten Kreis, sind jene, denen Du absolut vertraust und mit denen Du all Deine Geheimnisse teilst. Dies sind Deine wahren Freunde,

Deine treuesten Wegbegleiter. Wie Du selbst schon sagtest, sind das sehr wenige Menschen. Dafür aber die Richtigen. Im nächstfolgenden Kreis stehen gute Freunde, die Du wahrscheinlich nicht häufig siehst oder etwas von ihnen hörst. Aber wenn der Kontakt wieder hergestellt ist, hast Du das Gefühl, dass Ihr Euch gestern erst verabschiedet habt und eine gewisse vertrauensvolle Verbindung sofort wieder vorhanden ist. Deshalb gute Freunde. Der nachfolgende Kreis ist den Bekannten gewidmet. Sie begleiten Dich vielleicht auf der Arbeit, oder Ihr trefft Euch ab und an einmal, um zu reden und etwas zu trinken. Da es aber nicht die Regel ist, sind es eher Bekannte als Freunde. Deine Freunde sind für Dich da, wenn Du sie brauchst. Sei es in einer schwierigen Situation in Deinem Leben, einem Schicksalsschlag, oder wenn Du anderwaltig Hilfe brauchst. Sie bevormunden Dich nicht, sondern wollen Dir aufrichtig helfen und dafür sorgen, dass es Dir ebenso gut geht, wie ihnen. Da die anderen Menschen im äußeren Kreis eher weniger diese Ziele mit Dir verfolgen, sind es Bekannte für Dich.
Es kommt natürlich auch vor, dass sich Einige weiter in den äußeren Kreis stellen und andere widerum einen Kreis nach innen rücken. Menschen verändern und entwickeln sich, leben ihr Leben. Es kann dadurch passieren, dass die Einen nicht mehr wirklich in Resonanz auf Dich gehen und sich deshalb entfernen. Wobei andere genau jetzt, durch Deine Entwicklung, besser mit Dir zu Recht kommen und deshalb eine tiefere Vertrauensbasis zu Dir aufbauen. Andere widerum entwickeln sich gar nicht, bleiben stehen und können dadurch die vorhandene Vertrauensbasis zu Dir mit der Zeit nicht mehr aufrecht erhalten. Ihr lebt Euch sozusagen auseinander. Das ist ein Prozess, der immer wieder einmal passieren wird. Denn jeder Mensch ist ein einzigartiges Individuum und entscheidet für sich, welchen Weg er geht und wer ihn darauf begleitet. Hier geht es eben um

zwischenmenschliche Prozesse und zwei Menschen schauen und entscheiden für sich.

Wenn es zu Trennungen kommt, sollte man immer die Gespräche suchen. Denn offene Fragen im Raum stehen zu lassen, ist für keine der beiden Seiten vorteilhaft. Zumal es hier um Menschen geht, mit Gefühlen und Ansichten, die es zu respektieren gilt und die man vor Verletzungen schützen sollte. Der Weg des friedlichen Auseinandergehens ist immer der Beste. Denn man sieht sich mindestens zweimal im Leben. …und was nicht aus dem Weg geräumt wurde, wird dann wieder zwischen Beiden stehen und Situationen hervorrufen, die für beide Seiten nicht von Vorteil sind. Auch wenn Beide sich auf ihre Art weiter entwickelt haben. Im Unterbewusstsein bleibt so etwas immer haften und kommt bei einer erneuten Konfrontation zum Vorschein.

5

Alles, was Ihr Menschen in Eurem Leben von Anbeginn erlebt habt, Situationen, die Euren Werdegang prägten, beeinflussten und einschneidend veränderten, sei es im positivem oder negativem, sind in Eurem Unterbewusstsein gespeichert. Traumen finden dort ebenso ihren Platz wie wunderschöne Erinnerungen an Menschen und Begebenheiten. Deshalb seid Ihr auch in der Lage, wenn Ihr den Namen eines Euch Bekannten hört, Euch diese Person bildlich vorzustellen. Selbst wenn Ihr sie jahrelang nicht gesehen habt.

Nun erinnere ich Dich daran: 90 Prozent Eures Handelns und Entscheidens werden vom Unterbewusstsein geprägt. Nur 10 Prozent von Eurem Bewusstsein. Das bedeutet, dass all diese gespeicherten Informationen im Unterbewusstsein Einfluss auf Dein jetziges Handeln nehmen. Deshalb kommt es ab und an zu

Dejavusituationen, wo Du Dir denkst: ‚Moment mal, das hatte ich doch schon einmal!' Dein Unterbewusstsein gibt in diesem Augenblick die Information aus vergangener Zeit wieder frei. Alles, was Du in Deinem Leben Bewerkstellen willst, ist von diesem Einfluss abhängig. Du willst eine neue Beziehung, hast aber mit der alten nicht wirklich abgeschlossen, so wirst Du das ausstrahlen und es wird Einfluss auf die neue Beziehung nehmen. Deshalb ist es immer besser, nach einer Trennung, sich Zeit für sich alleine zu nehmen. Arbeite die Erlebnisse auf und bereinige Deine Gefühlswelt. Wenn Du wütend auf einen Mitmenschen bist, so überträgt sich unterschwellig die Wut auf andere. Wenn es ein langfristiger Zustand ist und somit in Dein Unterbewusstsein erkehren konnte. Schaffe Frieden und Liebe in und zu Dir, dann wird die erfolgreiche neue Beziehung nicht lange auf Dich warten. Verdränge aber diese Gefühle und Erlebnisse und stürze Dich in eine neue Beziehung, so werden sie Dich wieder einholen und vor die gleiche Herausforderung stellen. Dein Gegenüber spiegelt Dir nur im Verhalten, was Du unterschwellig aussendest und wo Deine Aufgaben liegen. Doch da Ihr Menschen viel zu sehr im Außen lebt, schiebt Ihr das auf die andere Person und die Beziehung ist widerum zum Scheitern verurteilt. Oder es wird ein Schrecken ohne Ende, ein ewiges Hin und Her.

Genau darum sind solche Übungen, wie Du sie momentan machst, wichtig, um Dich von all dem Ballast zu befreien! Damit veränderst Du nicht nur Deinen aufrechten Gang und das Gefühl zur Freiheit, sondern Deine gesamte Ausstrahlung. ...und es kann das in Dein Leben kommen, was zu Dir gehört und für Deinen Weg bestimmt ist.

Die Zeit für sich selbst ist die Wichtigste! Nicht nur, um Deine Akkus aufzuladen und abzuschalten, sondern vor allem um sich mit sich selbst zu beschäftigen. Natürlich bereitet das den meisten Menschen von Euch Angst, weil sie so etwas nie gelernt haben. Aber wer diesen Weg geht, befreit sich von all dem Übel, was in seinem Leben Einfluss ausübt. ...und er erkennt, das der Blick über den Tellerrand viel mehr preisgibt, als Euch Eure Medien versuchen zu erzählen.

Aufgestaute Wut führt zu Aggressionen und cholerischen Ausbrüchen, die mehr zerstören, als man am Anfang zu glauben vermag. Ungelebte Trauer und immerwidrige Hinnahme von Unterdrückung führt entweder zu Depressionen und Selbstaufgabe, oder aber zu einem gewaltigen Aggressionsausbruch. Bei Letzterem verliert die Person oftmals ihre Sinne und weiß am Ende überhaupt nicht, was geschah.

Um Aggressionen abzubauen, treibe Sport, Fitness und powre Deinen Körper aus. Damit bescherst Du Dir nicht nur einen gestählten Körper und schöneres Aussehen, sondern baust diese Potentiale in Dir ab. Dazu vergebe den beteiligten Menschen und Dir selbst. Aber dazu kommen wir die nächsten Tage noch einmal genauer.

Das bedeutet jetzt aber nicht, dass alle, die Fitness betreiben, Aggressionen in sich abbauen müssen. Fitness ist eher ein Schönheitssport mit vielen Gesundheitsaspekten."

„Es ist unglaublich zu erfahren, wie alles miteinander zusammenhängt und welche Wirkungen das auf unser Handeln und Denken hat. Aus der Sicht habe ich das noch nie betrachtet."

„Weil es Euch nie gelehrt wurde. Solche wichtigen Grundkenntnisse über das Leben und Eurer Individualität hat man Euch vorenthalten. Ihr wurdet mit Wissen gespeist, damit Ihr später in Eurem Berufsleben bestehen könnt. In der Welt im Außen. Doch die Welt im Innern wurde Euch vorenthalten.

Ich habe vorher viele Negativbeispiele gegeben. Selbstverständlich beeinflussen auch die positiven Erinnerungen in Deinem Unterbewusstsein Dein Handeln. Zu gewissen Situationen Deines Lebens werden sie ebenfalls wach gerufen und lassen Dich dementsprechend handeln. Somit erleichtern sie Deine Denkweisen und Handlungen. Dadurch geht Dir vieles leichter von der Hand und beschert Dir Glücksmomente."

„Solche Momente hatte ich schon und egal, was ich intuitiv tat, es war das Richtige und erleichterte mir meine Entscheidungen. Bis zu dem Moment, wo ich anfing nachzudenken und abzuwägen. Ist es jetzt doch das Richtige oder sollte ich lieber den anderen Weg nehmen. …und wenn ich den anderen Weg nahm, war es zum Scheitern verurteilt."

„Zweifel sind Blockaden und Hemmschwellen, die vom Verstand aus gesendet werden. Zweifle und Du bremst Dich aus! Vertraue auf Deine Intuition und es geht Dir leichter von der Hand und Du gelangst zu Deinem gesteckten Ziel. Die Zweifel nähren Deine Ängste und halten Dich zurück. Zweifel sind wie Mauern und desto größer sie sind, umso höher sind die Mauern, die Du erklimmen und bewältigen musst. Folge Deinem Herzen, Deiner Intuition und Du wirst merken, wie leicht das Leben für Dich auf dem Weg zu Deinen Zielen sein kann. Denn dann bist Du im so genannten Fluss des Lebens."

„Ich werde weiter daran arbeiten und üben."

Nathanael schaut zufrieden drein. „Du hast heute viele Informationen von mir bekommen. Über die Familie und Freunde. Du hast Deine Sicht auf all das verändert und gelernt, das gesamte Bild zu betrachten. Nicht nur, was für Dich im ersten Moment relevant ist. Bleibe so im Verhalten zu Deinen Eltern. Achte und schätze sie, sei dankbar für all das, was sie für Dich getan haben und schließe Frieden und vergebe für das, was Dir falsch vorkam. Vielleicht siehst Du heute diese Situationen ebenfalls aus einer anderen Sicht und verstehst ihr damaliges Handeln? Wenn ja, dann fällt Dir das Vergeben und Frieden schließen damit noch leichter. Achte auf die Menschen, mit denen Du

Dich umgibst! Schätze und schließe Deine Freunde ebenso in Dein Herz, wie Deine Familie! Denn sie sind Deine zweite Familie, die Du Dir ausgesucht hast. Rede und teile Dich mit, sei offen und liebevoll und habe Respekt vor jedem Einzelnen! Respekt, Liebe, Vertrauen und Kommunikation sind die wichtigsten Grundpfeiler für eine langlebige Freundschaft. Pflege Deine Freundschaften, denn sie bedeuten auch Arbeit. Nichts in Deinem Leben ist selbstverständlich! Oftmals reicht eine Nachricht oder eine liebe Geste. Das verlangt nicht viel von Dir, denn sie kommen aus Deinem Herzen."

Ich nicke zustimmend und fühle mich gerade frei und voller Freude. *Heute Abend werde ich ihnen ein paar Grüße von der Insel Rügen schicken.*

6

Nathanael verschwand, wie er kam und ich setze mich in Richtung Hotel in Bewegung. Unterwegs kehre ich noch in einem kleinen Lokal ein, esse Fischstäbchen mit Salat und Kartoffeln und lasse dabei unser heutiges Gespräch Revue passieren.

Später im Hotel angekommen schreibe ich erstmal ein paar SMS an meine Freunde und an meine Eltern. Dabei erfüllt eine wohlige Wärme meinen Körper und setzt Freude und Glücksgefühle frei. Ich liebe dieses Gefühl und möchte es am Liebsten immer spüren. Doch bis dahin habe ich noch einen Weg zu absolvieren. ...und ich gehe ihn gern!

Heute lege ich einen Abendspaziergang an der Strandpromenade ein und genieße die frische Seeluft. Es hat sich ein bisschen zugezogen. Aber es ist ganz angenehm nach diesem heißen Tag und lüftet den Kopf ordentlich durch, damit ich meine Gedanken neu sortieren kann. Auf einer Bank nehme ich Platz und lausche den Wellen der Ostsee. Sie beruhigen, verschaffen fast

eine meditative Stimmung. Ich kann tief und frei durchatmen, meinen Körper mit dem notwendigen Sauerstoff voll und ganz erfüllen. Der Sonnenuntergang über der Ostsee rundet mit seinem malerischen Bild den erkenntnisreichen Tag ab.
Im Hotelzimmer zurück mache ich meine Übung und schreibe noch ein paar Sachen nieder, bevor ich müde und zufrieden ins Bett gehe. Ein Gefühl der Freude und tiefen inneren Ruhe lässt mich schnell einschlafen...

V.
1

Ausgeschlafen und fit springe ich voller Elan aus dem Bett und absolviere mein Morgenritual: Duschen, Anziehen und Frühstücken. Ich fühle mich wie auf einer Woge der Freude und des Glücks. Diesen Zustand hatte ich so lange nicht mehr und ich freue mich, dass er noch nicht aus meinem Leben gewichen ist!
Im Leben geht an Gefühlsmomenten wohl nichts verloren. Es liegt nur an uns selbst, sie wieder zum Leben zu erwecken und bereit zu sein, sie auch anzunehmen und zu leben.
Ich spaziere am Strand entlang zum nächsten Ostseebad und genieße die wunderbare Seeluft. Mein Elan scheint ungebremst, als hätte über Nacht jemand einen Schalter umgelegt und den Weg für den Energiestrom frei gemacht. Der Spaziergang tut mir richtig gut und schenkt mir weitere Kraft. *Wie sagt Nathanael immer, in Dankbarkeit und Demut. Ich bin sehr dankbar dafür, dass ich das wieder erleben darf. ...und es bereitet mir sehr viel Freude und ein unglaublich schönes Glücksgefühl. Es ist schon etwas schwierig, den Boden nicht unter den Füßen zu verlieren. Weil man die ganze Welt umarmen möchte und Teil daran haben lassen will. Doch das nicht ins Überhebliche abweichen zu lassen, muss die Demut ausmachen, die er immer erwähnt.*
Im Nachbarort angekommen, setze ich mich in einen offenen Strandkorb und beobachte die Möwen bei ihren Flügen über die See und ihrer Suche nach Futter. *Der Kreislauf des Lebens: Nimm Dir, was Du zum Leben brauchst! Aber immer nur soviel, damit Du wirklich satt wirst und die Anderen noch etwas haben. Auch wenn sich die Möwen hier und da ums Futter streiten, das ihnen von den Urlauber beschert wird. Aber auch*

das ist das Gesetz des Lebens: Der Schwächere verliert und fällt hinten runter. Damit findet die natürliche Auslese statt. So, wie bei uns Menschen. Nur mit dem Unterschied, dass wir Waffen einsetzen und uns Hab und Gut erobern, welches ursprünglich Anderen gehörte und ihr Leben aufrecht erhielt und ausmachte. Unsere Habgier und Machtbesessenheit haben die Demut längst verdrängt und uns zu dem gemacht, was wir heute sind. Es ist schon beschämend, wie wir uns über Andere gestellt haben und der festen Meinung waren, etwas Besseres als sie zu sein. Oder aber, weil wir die natürlichen Ressourcen für uns sichern wollten, obwohl sie das Eigentum der Anderen waren. Was für eine kranke Welt und Zeit und wir alle sind ein Teil von ihr. Wie ein Sandkorn im immer mehr verschmutzenden Strand. Selbst wenn einer beginnt, sich von dieser Last rein zu waschen, so müssen es andere ebenso erkennen und vollziehen, damit die ersten großen weißen Flecken entstehen und den Anderen zeigen, wie schön dieser Strand einmal war und wieder sein könnte.
Nathanael hat Recht! Es ist an der Zeit, dass wir erkennen und aufwachen und unsere Wege gehen, zu leben beginnen. ...und zwar im Einklang mit der Natur und allen anderen Menschen. Dann wird dieser Strand wieder weiß sein und seine ursprüngliche Schönheit und Anmut zurück gewinnen. Es liegt an jedem Einzelnen selbst. Denn jeder Einzelne ist ein Teil der großen Masse, eben wie ein Sandkorn an diesem großen Strand...
„Entschuldigen Sie, aber dies ist unser Strandkorb!", holt mich die Frau eines Ehepaares aus meiner Gedankenwelt.
„Oh, Entschuldigung. Er war offen und ich habe mich nur kurz hingesetzt, um vom Spaziergang zu verschnaufen.", rechtfertige ich mich und stehe sofort auf. *Da sind sie wieder, diese Strukturen, die uns anerzogen wurden. Immer gleich in Rechenschaft gehen und alles erklären wollen! ‚Er war offen. Aber*

wenn es Ihrer ist, dann gebe ich ihn gern frei.', wäre eine bessere Antwort gewesen. Ich habe eben noch Einiges zu lernen!
„Da lässt man einmal das Gitter weg und schon besetzt ihn jemand...", höre ich nur noch beim Weggehen. *Da ist sie wieder, die Realität.* Aber dennoch muss ich darüber lächeln. *Vielleicht ist der Abstand dazu doch schon etwas größer, als ich erst dachte?!*

2

Ich spaziere durch den Ort und kehre bei einem Bäcker ein, gönne mir einen Milchkaffee und eine Laugenstange. *Eine kleine Belohnung sollte man sich ab und an gönnen! So als weiteren Motivationsschub.*
Mit dem Rasenden Roland fahre ich dann zurück und schwinge mich aufs Fahrrad, um zu unserem Sonnenplatz der Erkenntnis zu gelangen. Ich genieße die Fahrradtour und meine Freude und Erwartung wächst immer mehr. Die Sonne scheint und der Tag könnte nicht schöner sein! Passend zu meinem Gemüt.
Als ich an der Wiese ankomme, nehme ich meine Kamera heraus und mache ein paar Bilder von unserem Treffpunkt. *Damit ich mich später immer wieder daran erinnern kann. An einem wunderschönen Urlaub auf der Insel, der mein Leben veränderte.*
Dann spaziere ich mit dem Fahrrad zu unserer Bank und nehme darauf Platz. Ich schließe die Augen und lasse mir den seichten Wind um die Ohren wehen. Er schenkt ein wohliges Gefühl, als wolle er mich streicheln. Die Tage passieren Revue in meinem Kopf und ich muss feststellen, wie wundervoll diese Reise der Erkenntnisse mit Nathanael bisher war. *Er hat meinen Horizont erweitert und mich bereits von ersten Strukturen meines bisherigen Lebens befreit. Ich lerne, die Dinge von mehreren*

Seiten her zu betrachten und erkenne mehr und mehr, wie sehr ich eingefahren war. Wie blind. Oft lag die Lösung so nahe und ich bin einen großen Umweg gegangen, weil mir die Weitsicht fehlte. Manchmal bin ich nicht einmal zur Lösung vorgedrungen und war auf die Hilfe Anderer angewiesen. Nun ändert es sich Stück für Stück…

„Das ist auch gut so."

Nathanael ist da. Aber ich möchte meine Augen noch nicht öffnen. Ich möchte nur seine Anwesenheit, seine Energie spüren und genießen.

„Du wirst gerade von der Woge der Freude und des Glücks getragen und darfst es gern genießen. Dieser Gemütszustand stellt sich ein, wenn Du kontinuierlich und diszipliniert Deinen Weg gehst und Deine Weitsicht immer mehr ausbaust. Es kommt recht bald der Tag, wo Du über den Tellerrand hinaus blicken kannst und das Leben in all seiner Vielfalt und Schönheit erkennst."

Ich öffne die Augen und schaue ihn an: „Darauf freue ich mich schon sehr! Genauso, wie ich mich freue, Dich jeden Tag zu treffen!"

Er lächelt: „Vielen Dank!"

„Ich frage mich nur, was es wird, wenn wir uns nicht mehr sehen? Also, wenn ich wieder in der Großstadt bin…"

„Mach Dir darüber jetzt keine Gedanken! Momentan sehen wir uns und ich begleite Dich bei den ersten Schritten auf Deinem neuen Weg."

„Worüber ich sehr froh und dankbar bin! Auch wenn ich mich da wiederhole."

„Das ist völlig in Ordnung. Dankbarkeit ist etwas Wunderbares. Womit wir bei unserem heutigen Thema wären: Demut und Dankbarkeit. Beide gehen Hand in Hand miteinander und sind zwei sehr wichtige Stützpfeiler beim Erfolg auf Deinem Weg.

Du hast heute bereits erfahren, dass es manchmal schwer ist, Demut aufrecht zu erhalten. Wenn Du auf der Woge des Glücks schwimmst und Dir alles leicht und perfekt von der Hand geht, verliert Ihr Menschen oftmals die Bodenhaftung. Dabei ist die Bodenständigkeit ein wichtiger Grundstein für Demut. Was nicht heißen soll, dass Du Dich nicht freuen darfst! Du sollst sogar Deine Freude ausstrahlen und mit Deinen Mitmenschen teilen! Nur eben auf gleicher Augenhöhe und mit dem nötigen Respekt ihnen gegenüber. Womit ich auf das dritte Detail unseres heutigen Themas bereits hingewiesen habe: Respekt.
Doch bleiben wir erst einmal bei der Dankbarkeit! Wir hatten sie schon hier und da zum Thema, wenn auch nur erwähnt oder kurz angeschnitten. Deshalb beschäftigen wir uns mit ihr heute einmal genauer:
Dankbarkeit ist ein wichtiger Stützpfeiler in der zwischenmenschlichen Kommunikation. Nichts auf der Welt ist selbstverständlich! Das ist eine kurz gehaltene Feststellung, aber von enorm großer Tragweite. Wenn Ihr Menschen Euch das verinnerlicht und Euch täglich vor Augen haltet, werdet Ihr erkennen, dass viele Dinge in Eurem Alltag gar nicht so selbstverständlich sind. Beginnen wir am frühen Morgen..."
Ich schaue ihn fragend an.
„Was meinst Du? Ist es selbstverständlich, am Morgen aufzuwachen und den Tag zu beginnen?"
Das ist eine gute Frage! „Im Grunde genommen nicht!"
„Siehst Du. Hast Du Dich jemals dafür bedankt?"
„Wie meinst Du das jetzt? ...und vor allem, bei wem?"

3

„Jeder Morgen, an dem Du aufwachst, ist ein Geschenk des Lebens an Dich. Es reicht Dir alle Möglichkeiten und Bedingungen, damit Du Deinen Tag daraus machen kannst. Natürlich liegt es an Dir, was Du für Dich daraus entstehen lässt. Nutzt Du die Möglichkeiten, oder schaust darüber hinweg, oder bist viel zu eifrig, um sie zu erkennen? Das Leben legt Dir alle Geschicke und Chancen in Deine Hände. Du formst Dir Dein Leben daraus. Aber, es ist nicht selbstverständlich, dass es so passiert. Wie viele Menschen wachen nicht mehr auf und haben nicht einmal im Ansatz ihre Chancen auf ein besseres Leben genutzt.

Danke dem Leben von Herzen dafür, wenn Du morgens aufwachst und aufstehst. Beim Zähneputzen kannst Du in Gedanken durchgehen, wofür Du in einem Leben noch dankbar sein solltest. Danke dafür! Du kannst diese Herzensangelegenheit vor Dich hin flüstern oder in bestimmten Situationen auch laut aussprechen. Wenn Du für etwas in Deinem Leben dankbar bist, ebnest Du den Weg zu Dir, damit noch mehr davon zu Dir kommen kann. Das Gesetz der Resonanz. Denke positiv und sei dankbar für all das Wundervolle und die Herausforderungen in Deinem Leben, so wird mehr davon zu Dir kommen und Dich weiter voran bringen. Sei traurig, frustriert und bemitleide Dich zutiefst, so werden mehr Situationen in Dein Leben kommen, die diesen Zustand fördern. Sicherlich sollst Du trauern, wenn Du einen geliebten Menschen verloren hast, eine Liebe gescheitert ist. Das gehört zum Abschied nehmen und Loslassen dazu. Aber es darf kein Dauerzustand werden, keine Depressionen oder gar Selbstaufgabe hervorrufen. Denn dann ist es krankhaft und schadet Dir nicht nur seelisch, sondern auch körperlich.

Mit jeder Aktivität in Deinem Leben strahlst Du etwas aus und ziehst mehr davon in Dein Leben. Die Aufgabe im Leben eines Menschen ist, den richtigen Grad zu finden und das Beste für sich und sein Leben heraus zu arbeiten. Wenn Du die ersten Schritte gehst, so reicht Dir das Leben all das, was Du zum Vorankommen benötigst. Auch dafür solltest Du dankbar sein und den Wert des Ganzen für Dich erkennen und würdig damit umgehen. Du bist der Regisseur und die Hauptfigur in Deinem Leben. Du bestimmst, wohin der Weg führen soll. Niemand anderes! All das, was Du erschaffen hast und Dich Deinen Zielen näher brachte, hat einen großen Wert für Dich, wie auch für andere, beteiligte Personen. Erkenne ihn, gehe damit sorgfältig um und pflege ihn. Dann wird er expandieren und mehr davon anziehen.

Du selbst bist am Tage Deiner Geburt ein ungeschliffener Diamant, der im Laufe des Lebens zu einem hochkarätigen Diamanten geschliffen wird, oder sogar zu einem wertvollen Brillianten. Auch hierfür liegt die Entscheidung in Deinen Händen. Für jeden Schliff sei dankbar und erkenne seinen Wert, dann wirst Du zu einem Brillianten werden.

Dankbarkeit schafft Räume für Liebe und Wärme, nimmt Dich und Deine Mitmenschen an die Hand und schenkt ein wohliges Gefühl. Wie oft sagt Ihr Menschen irgendetwas zu Anderen, ohne ‚Bitte!' oder ‚Danke!' zu sagen. Diese zwei Worte vermögen so viel in der zwischenmenschlichen Kommunikation. Aber sie sind all zu oft in Vergessenheit geraten. Wenn Du sie nicht verwendest, so erscheint Deine Aussage oder Bitte bei Deinem Gegenüber als Selbstverständlichkeit. Du setzt es einfach voraus. Versetze Dich selbst einmal in seine Situation! Was würdest Du in diesem Augenblick empfinden?"

Ich nicke zustimmend. „Als wenn mein Gegenüber über mich einfach bestimmen will und vorausgesetzt, dass ich es mache. Er stellt sich damit über mich."

„…und was würdest Du empfinden?"

„Wut und gleichzeitig Abneigung. Meine Offenheit würde sich verschließen und ihm klar machen, dass er nicht das ist, was er von sich glaubt. Ich würde automatisch eine größere Distanz zu ihm aufbauen."

„Du würdest zu machen und im tiefsten Inneren eine Sturheit aufbauen, bis sie ganz nach Außen hin zum Tragen kommt. Letzteres, wenn sich diese Situation erneut wiederholt."
„Stimmt." *Das hatte ich schon ein paar Mal.*
„Genauso empfindet es in dem Moment Dein Gegenüber. Nun kannst Du seine Reaktionen gewiss besser verstehen. Um solche Situationen zu vermeiden, benutze lieber einmal mehr das Wort ‚Bitte!' und ‚Danke!', als es wie eine Selbstverständlichkeit aussehen zu lassen. Damit erreichst Du viel mehr, Du nimmst Dein Gegenüber an die Hand und schubst ihn nicht verbal in eine Ecke. Wenn Dich jemand um etwas bittet, bist Du viel eher bereit, diese Aufgabe zu erledigen oder zu helfen. Es kommt natürlich auch darauf an, worum es geht. Wenn Du kein gutes Bauchgefühl dabei hast, dann sei vorsichtig, oder besser, lass die Hände davon.

‚Bitte!' und ‚Danke!' vermögen viel mehr zu bewegen, als Ihr erkennen wollt! Wenn sich jemand bei Dir bedankt und Du hast es gern getan, so kannst Du es ruhig erwidern: ‚Bitte, sehr gern geschehen!' Damit schenkst Du Deinem Gegenüber nicht nur ein wohliges Gefühl und nimmst ihn an die Hand, sondern signalisierst ihm, dass Du es gern wieder tun würdest.

Du siehst also, dass die einfachsten Dinge in Eurem Leben sehr große Wirkungen haben. Wobei die Dankbarkeit dabei mit die größten Wirkungen hervorruft. Deshalb ist sie so wichtig in Deinem Leben! …und natürlich im Leben eines jeden Einzelnen von Euch. Wenn Ihr erkennt, dass nichts im Leben selbstverständlich ist, dann werdet Ihr den Worten der Dankbarkeit und Bitten viel mehr Bedeutung schenken und Eure zwischenmenschlichen Beziehungen auf ein höheres Niveau heben und mit Liebe und Offenheit füllen."

Ich nicke zustimmend. *Es sind so einfache Dinge. Aber vielen fallen sie in der Umsetzung immer wieder schwer. Ich werde darauf achten, dass ich sie im Alltag auch stets benutze!*

4

„Wie ich bereits sagte, gehen Demut und Dankbarkeit Hand in Hand miteinander. Wenn Du dankbar bist, so erkennst Du die Werte und zollst ihnen den dementsprechenden Respekt. Du bleibst mit beiden Beinen auf dem Boden und stellst Dich nicht über andere Menschen. Da es in Eurer Zivilisation eine Werteverschiebung gegeben hat, ist die Demut in Euch verloren gegangen. Viele Menschen sind mit Vorurteilen behaftet und versperren sich damit vor Demut und Respekt. Sie haben eine engstirnige Sicht auf Menschen, Situationen und Dinge und verbauen damit jegliche Wertschätzung. Durch das Gesetz der Resonanz wird ihnen dementsprechend von den Anderen ihr Verhalten gespiegelt, was sie in ihren Vorurteilen zu bestärken scheint. Im Grunde sollte es sie zum Nachdenken animieren und zur Veränderung ihrer Einstellung. Denn der auslösende Faktor sind sie und nicht jene, die sie durch ihre Vorurteile in Schubladen packen. Ursache und Wirkung.
Gehe vorurteilsfrei durch die Welt, sei offen und herzlich zu Deinen Mitmenschen. Erkenne die Schönheit der Dinge, respektiere sie und gehe sanftmütig mit ihnen um. Genauso verhält es sich mit Dir und Deinen Mitmenschen. Teile die Freude und das Glück, aber stelle Dich niemals über andere Menschen! Vergiss nie, woher Du gekommen bist und welche Umstände und Herausforderungen Dich geformt und bis hierhin gebracht haben. Den Wert zu erkennen und wie einen kostbaren Brillianten zu behandeln, ohne damit vor Anderen zu prahlen, das ist Demut. Sie hat nichts mit Unterwürfigkeit zu tun, wie viele von Euch glauben. Das ist devot und hat nicht im Geringsten etwas mit Demut zu tun.

Wenn Du dankbar und demütig bist, Deinen Weg kontinuierlich verfolgst und dabei auch Acht auf Andere gibt's, dann wird Dir Respekt entgegengebracht und die Wertschätzung Deiner Person. Das stärkt Dein Selbstwertgefühl und Dein Selbstbewusstsein. Deine Mitmenschen schätzen Dich als wundervollen Menschen, der stets mit ihnen auf Augenhöhe bleibt, fest mit seinen Beinen auf dem Boden steht und sein Wissen weitergibt, ohne damit zu prahlen und als Besserwisser da zu stehen.

5

Dazu kommt ein weiterer, wichtiger Aspekt, den wir bereits mehrfach nannten: Respekt.
In Eurer Gesellschaft wurdet Ihr zu Ich-Menschen erzogen. Eure eigenen Interessen und Ziele allein zählen und wer sie erreichen will, der geht den Weg ohne Rücksicht auf Verluste. Nicht umsonst leben Karrieremenschen größtenteils alleine. Sie leben für ihren Beruf, nicht für sich und setzen alle Mittel ein, um ihre Ziele zu erreichen. Nicht selten gehen sie dabei über Leichen, wie Ihr es in Eurer dementsprechenden Redewendung ausdrückt. Sie kennen keine Werte und Respekt gegenüber Anderen. Menschlichkeit ist für sie ein Fremdwort. Für sie zählt nur ihr eigener Wert, den sie über alle Anderen stellen. Wenn sie dann ihre Ziele erreicht haben und auf dem Weg so weiter gehen, erkennen sie leider erst zu spät, wie einsam ihr Leben ist und wie viele Feinde sie sich gemacht haben. Dabei nicht nur im beruflichen Alltag.
Ohne Menschlichkeit magst Du in Eurer Zivilisation in der Karriere weit nach oben steigen. Aber wer immer nur Respektlosigkeit und wahren Werteverlust lebt und in Kauf nimmt, wird eines Tages erkennen müssen, dass sein Leben nicht wahr und authentisch ist. Was Du nicht lebst, ziehst Du magisch an. Das

bedeutet, dass Du ebensolche Freunde hast, die in Wirklichkeit keine sind.

Gehst Du aber den Weg des Erfolges und bist authentisch, schätzt und erkennst den Wert Deines Weges und der Resultate, somit wirst Du wahre Freunde um Dich haben und Deine Umgebung gibt Dir diese Wertschätzung, gepaart mit Respekt, zurück. Sei und lebe, wie Du wirklich bist und alles wird in Dein Leben kommen, damit es erfüllt und erfolgreich wird."

„…und ich kann mich auch im Spiegel ansehen.", ergänze ich.

„So ist es. Begegne jedem Menschen mit Respekt. Auch wenn sein wahrer Wert im ersten Moment nicht ersichtlich ist. Bedenke, dass Du in einer Welt der Masken lebst und jeder versucht, sein Inneres zu schützen. Die Menschen müssen erst wieder lernen, offenen Herzens zu leben und zu agieren. Sie müssen erst einmal lernen, wahrhaft zu sehen und zu erkennen. Wenn das passiert, ist Eure Zivilisation ein klein wenig ab vom Weg auf den Abgrund zu.

Ich habe Dir bereits gesagt, dass Deine Liebe und Herzlichkeit der größte Schutz ist. Wenn Du dabei jedem Einzelnen Dir gegenüber Respekt zollst, wirst Du die größten zwischenmenschlichen Herausforderungen meistern. Auch wenn es im ersten Augenblick nicht so aussieht. Doch Dein Gegenüber muss in Resonanz gehen, wenn er mit Dir kommunizieren möchte. Du schaffst eine Ebene, in der Offenheit und Herzlichkeit Eure Kommunikation ausmachen. Tore werden geöffnet, die sonst verschlossen geblieben wären. Lösungen treten zu Tage und Ihr könnt die Situation zur beiderseitigen Zufriedenheit lösen. So, wie es im Grunde genommen in Eurer zwischenmenschlichen Beziehung sein sollte.

Nun wissen wir Beide, dass es in Eurer Gesellschaft, wo das Ich im Zentrum steht, den Menschen schwer fällt, die einfachsten Verhaltensregeln aufrecht zu erhalten. Es beginnt schon mit dem Aufstehen für ältere oder behinderte Menschen in Bussen, Bahnen oder Zügen. Das Aufhalten von Türen oder dem Nächsten in die Hand geben, das Grüßen in Geschäften oder an Schaltern, und so weiter, und so weiter. Ich könnte die Auflistung weiter führen. Sie symbolisiert Dir, dass Euch bereits die normalsten Gesten schwer fallen. Doch genau diese sind die Basis in der zwischenmenschlichen Beziehung. Darauf baut Eure Kommunikation auf. Es wäre doch mehr als wünschenswert, dass Ihr die Kopfhörer aus den Ohren nehmt, wenn Ihr ein Geschäft betretet und freundlich dem Verkäufer zurück grüßt. Anstatt ihm zu entgegnen: „Ich gucke nur!" Wobei der Tonfall da oft eher auf einer aggressiven Basis zu finden ist, als auf einer freundlichen. Begegne Deinem Gegenüber so, wie Du gern behandelt werden möchtest. Ich denke kaum, dass Du, wenn Du die Hilfe des Verkäufers benötigst, von ihm ein Verkaufsgespräch in dieser Tonlage bekommen möchtest!?"

„Wohl kaum!", entgegne ich sofort. „Aber ich muss ehrlich eingestehen, dass ich ab und an auch schon so reagiert habe."

„Dein Gegenüber ist nicht der Neutralisator Deines Gemütszustandes! Er ist ein Mensch, wie Du und möchte auch als solcher behandelt werden. …und es kostet Dich gar nichts, ihm freundlich zurück zu grüßen. Immerhin ändert er durch seine freundliche Art Deinen Gemütszustand. Wenn Du natürlich bereit bist, es anzunehmen. Da fällt mir ein, dass ein weiser Mensch mal sagte: ‚Wenn Du Dich ärgerst, benötigst Du doppelt so viel Energie, als wenn Du den Ärger vorbeiziehen lässt. Erstmal brauchst Du Energie, um Dich zu ärgern und dann noch mal so viel, um Dich vom Ärger zu befreien.' Jedenfalls so in der Art war es. Aber es kommt auf den Sinn an. Gehe lieber gleich in Resonanz, als später, wenn das Kind in den Brunnen gefallen ist. Wie bereits erwähnt, es hilft Dir.

Doch das war nur ein Beispiel. Es sind die kleinen Gesten im

Alltag, die so viel bewirken. Sei es ein liebevolles Lächeln, ein freundliches Wort, eine nette Geste. Damit würdet Ihr alle wieder viel enger zusammen rücken und Euch das Leben leichter gestalten."

„Das ist wohl wahr. ...und ich nehme es auch mir zu Herzen."
„Wenn Du Freude, Herzlichkeit, Liebe und Glück teilst, dann verdoppelst Du es. Denn es kommt von Deinem Gegenüber zurück. Das sind die kleinen Wunder in Eurem Alltag, die Euer Leben lebenswerter machen. ...und Du zeigst Deinen Mitmenschen gegenüber Respekt und eine hohe Wertschätzung. Denn Du ignorierst sie nicht, wie viele Andere. Du nimmst diesen Menschen wahr und schenkst ihm für einen kurzen Augenblick Deine Aufmerksamkeit. Ich bin mir sicher, dass auch Du Dich darüber freuen würdest!"
Ich nicke zustimmend.

6

„Gehe mit offenen Herzen und Augen durchs Leben! Achte auf Deine Mitmenschen und bringe ihnen Respekt und Wertschätzung entgegen, egal, welchen Standes sie sind! Es sind Menschen und nur das alleine zählt. Lebe in Demut und Dankbarkeit und praktiziere Beides jeden Tag in Deinem Leben! Denke an die Kleinigkeiten in Eurer zwischenmenschlichen Beziehung und Kommunikation. Lege lieber einmal mehr Dein Handy aus der Hand oder nimm die Kopfhörer aus Deinen Ohren und schenke Deinen Mitmenschen Aufmerksamkeit! Dann werden sie auch Dich beachten und Dir Respekt und Wertschätzung entgegen bringen. Behandle Deine Mitmenschen so, wie Du gern behandelt werden würdest! Auch wenn ich mich da jetzt wiederhole, aber dieser Leitsatz ist enorm wichtig für Euer Zusammenleben auf der Erde. Intensiviere und sensibilisiere

Dein Sehen und Handeln, dann wirst Du nicht nur für Dich Tore öffnen, wo vorher Wände waren. Achte dabei auf Dein Bauchgefühl und lass Dich von Deiner Intuition führen! Dann wird Dein Leben lebenswert sein. Du erkennst die Schönheit und Vollkommenheit der Natur und lernst mit ihr in Einklang zu leben. Weil Du ihren Wert erkannt hast und sie respektierst. Zusätzlich als persönliche Energiequelle nutzen kannst, weil sie Dir Kraft spendet und Dich zu Deinem inneren Ruhepol führt. Doch dazu morgen mehr."

„Ich danke Dir für diesen interessanten und auch lehrreichen Nachmittag und freue mich schon auf morgen!"

„Ich danke Dir für Deine Aufmerksamkeit und Dein Interesse! Gehe Deinen Weg weiter und Du wirst noch viele Erkenntnisse erhalten und sie werden Dich weiter voran tragen und Deinen Horizont vergrößern. Damit Du über den Tellerrand schauen und die Geheimnisse des Lebens und Eures Alltags entdecken und neu zum Leben erwecken kannst. Du bist auf dem richtigen Weg dazu!"

Er zwinkert mir zu und steht auf. Wir verabschieden uns mit der linken Hand und er geht. Ich bleibe noch einen Augenblick sitzen.

7

Es waren wahre Worte, auch wenn sie hier und da harter Tobak sind. Aber er hat Recht! Wir haben uns viel zu sehr leiten lassen, ohne in vielen Situationen nachzudenken und unseren Blick zu erweitern. Die Aufmerksamkeit ist der Schlüssel für das richtige Sehen. Für die Kleinigkeiten in unserem Alltag. Vieles könnte so einfach sein, wenn wir es nur wirklich wollten. Es ist oft nur eine Geste, mehr nicht. ...und sie kostet uns nicht einmal viel Energie, denn sie kommt von unserem Herzen.

Ich muss schmunzeln. *Denke schon wie Nathanael. Ihn würde es freuen. Aber vielleicht gehört das zum Weg dazu. Oder es sind die Erkenntnisse, die neue Tore und Möglichkeiten der Sichtweisen eröffnen. Auf alle Fälle weiten sie meinen Horizont und ich erkenne viele Hintergründe, die uns verborgen geblieben sind. Sei es über die genaue Evolutionsgeschichte der Menschheit, das Gesetz des Lebens und die Sicht über die Möglichkeiten des eigenen Lebens. Nicht zu vergessen, das Gesetz der Resonanz, das in jedem Augenblick unseres Lebens zum Tragen kommt. Das alles hat meinen Horizont enorm erweitert und mir vieles ermöglicht. Dafür bin ich sehr dankbar! Denn es ist keine Selbstverständlichkeit, diese Erkenntnisse zu bekommen und damit die Chance, sein Leben so zu gestalten, wie man es vom Herzen her wünscht. Selbstverständlich liegt es im Endeffekt in meinen Händen, was ich daraus mache. Dennoch hat er auch da Recht, dass die Neugier auf dieses wundervolle Leben einen weiter voran treibt und Wunsch und Traum Wirklichkeit werden lässt, es zu erfahren. Es ist großartig und alleine dafür hat sich die Reise bereits gelohnt! Ich sage meinem Leben ein lautes und großes „DANKE dafür!!!!".*

VI.
1

Beim Eintreten ins Hotel hielt ich der alten Dame, die mir folgte, die Tür offen und sie bedankte sich sehr nett dafür. *Es geht doch!*
Beim abendlichen Ritual schrieb ich nur noch sehr wenig auf. *Der erste große Ballast ist damit wohl abgeworfen?!* Ich fühle mich auch viel besser. Habe sehr gut geschlafen und bin nun bereit für den neuen Tag. *Er redete gestern vom inneren Ruhepol und das er heute genauer darauf eingehen will. Ich bin gespannt!*
Da die Sonne mit voller Intensität scheint, beschließe ich kurzer Hand, in der Ostsee zu baden. Somit war ich dann wenigstens einmal in den 12 Tagen in der See. Die Hälfte meines Urlaubs ist heute Abend vorbei und er gestaltete sich weit aus interessanter, als ich es je zu träumen wagte. *Es ist eben immer besser, ohne große Erwartungen zu starten und damit für die Überraschungen des Lebens offen zu sein! Ich sollte das auch bei anderen Dingen und Situationen in der Zukunft so halten!*
Die Abkühlung tut wirklich gut und ich fühle mich noch besser, als bisher. *Obwohl ich dachte, dass das nicht mehr zu Toppen sei! Man lernt eben nie aus...*
Das Fischbrötchen mundet und sättigt mich. Nun bin ich für weitere Erkenntnisse bereit und meine Neugier treibt mich zu meinem Fahrrad. *Es ist ein gutes Fortbewegungsmittel auf der Insel und hält zu dem auch fit.* Ich radle los und genieße dabei den wundervollen Tag. Die Sonne, der azurblaue wolkenlose Himmel und die wunderschöne Landschaft schenken nicht nur Energie und Kraft, sondern erfüllen mich mit Freude und Glücksgefühlen. Wieder einmal spüre ich die Woge, die mich

trägt und heute empfinde ich es anders, als gestern. Ich bin sehr dankbar für diese Erfahrung und wünsche mir, dass sie mich fortan immer tragen soll. Ich werde gern meinen Teil dazu beitragen.

2

An unserer Bank angekommen, nehme ich Platz und genieße den Blick auf die Ostsee und das rege Treiben der Insekten auf der Wiese. *Ein jedes geht seiner Tagesarbeit nach und reiht sich damit ins vollkommene Bild der Natur ein. Sie folgen der Gesetzmäßigkeit des Lebens und wir sollten uns an ihnen ein Beispiel nehmen. Ab und an ruhen sie sich auf einer Blüte oder einem Blatt aus, um dann erneut zum Tageswerk überzugehen. Sie hetzen nicht, wie wir. Sondern folgen ihrem Instinkt des Überlebens, im Einklang mit den Anderen. So, wie es die Natur vorgesehen hat. Ein Bild des Friedens und der Ruhe. Auch wenn das eine oder andere Insekt als Beute dient. So hält die Natur alles im Gleichgewicht und vollzieht die natürliche Auslese. Ich liebe dieses Bild! Die Ruhe und Harmonie, die das Gesamtbild dennoch ausstrahlt. Anders, als bei uns Menschen...*
„Ja, mit dem Frieden ist das so eine Sache bei Euch auf Erden..."
„Schön, dass Du da bist!", begrüße ich ihn.
„Schön, dass Du Deinen Weg so diszipliniert gehst! Ich freue mich darüber."
„Wieso können wir nicht Frieden auf der gesamten Erde erreichen?", lenke ich auf seinen Eingangssatz.
„Zum Einen gibt es genügend Menschen, die an Krieg und Krisensituationen verdienen. Zum Anderen existieren viele Spannungsherde zwischen verschiedenen ethnischen Gruppen auf

Erden und ebenso eine starke Kluft zwischen Arme und Reiche. Das sorgt zusätzlich für großes Spannungspotential. Aber wenden wir uns erstmal Deinem inneren Frieden zu!"

Meinem inneren Frieden? Was genau meint er damit?

„Ich möchte es Dir genauer veranschaulichen, damit Du verstehst, was ich meine:

Nehmen wir eine Pyramide. Die Struktur kennt jeder von Euch. Das Fundament, auf dem die Pyramide aufgebaut ist, ist die Basis, die Du gerade auf Deinem Weg erschaffst. Die Spitze oben ist das Ziel, das Leben in Fülle. Soweit die grobe Einteilung. Nun verfeinern wir es ein wenig. Wir teilen die Pyramide in zwei Hälften. Zum Einen die ‚Ich selbst'-Hälfte und die andere Seite ist die ‚Mein Umfeld'-Seite. Kannst Du mir soweit folgen?"

Ich nicke. „Bis jetzt ist es übersichtlich."

Nathanael lächelt und redet weiter: „Nun gehen wir in die Genauigkeit: In der ‚Ich selbst'-Hälfte haben wir zwei Eckpunkte der Pyramide. Die Eine steht für Deine Persönlichkeit, die Zweite für Deine Ressourcen. Unter Persönlichkeit verstehen wir Dein Selbstbewusstsein, Selbstwertgefühl und Dein Selbstvertrauen. Alle drei bedingen einander, sind aber drei wichtige Standbeine Deiner Persönlichkeit. Daraus resultiert Dein Charisma und Auftreten in der Öffentlichkeit, wie Du Dich Deinen Mitmenschen gegenüber verhältst und auf sie wirkst.

Ressourcen sind Deine Schätze, die Du mitbekommen hast. Darunter gehören Deine Talente und Begabungen, besondere Fertigkeiten und private Kompetenzen, die Dich auszeichnen und bei Dir, wie bei vielen Menschen in Eurer Zivilisation, noch im Verborgenen liegen.

Die anderen zwei Ecken in der ‚Mein Umfeld'-Hälfte stehen für Dein soziales Umfeld und Dein Arbeitsumfeld. Das Soziale beinhaltet alles, was Dich täglich umgibt. Deine Familie und

Freunde, Bekannte, sowie Dein Wohnumfeld. Es klingt nicht viel, ist aber mit das Komplexeste, was eine der vier Stützen Deines Fundamentes ausmacht. Das Arbeitsumfeld wird durch die Struktur Deines Arbeitsplatzes bestimmt. Das bedeutet, welche Stellung Du hast, Deine Mitarbeiter und Vorgesetzten, mit denen Du täglich arbeitest. Deine beruflichen Kompetenzen und die Vertrauensgrundlage, die Du dort genießt, zeichnen ebenfalls Dein Arbeitsumfeld aus.

Wenn Du alle vier Eckpunkte zu Deiner Zufriedenheit geformt hast und ein sehr gutes Bauchgefühl Dich bestätigt, dann hast Du eine Einheit zwischen allen Eckpunkten geschaffen. Das bedeutet, dass die Basis für ein Leben in Fülle steht und Du weiter voran schreiten kannst, Deinen Zielen entgegen."

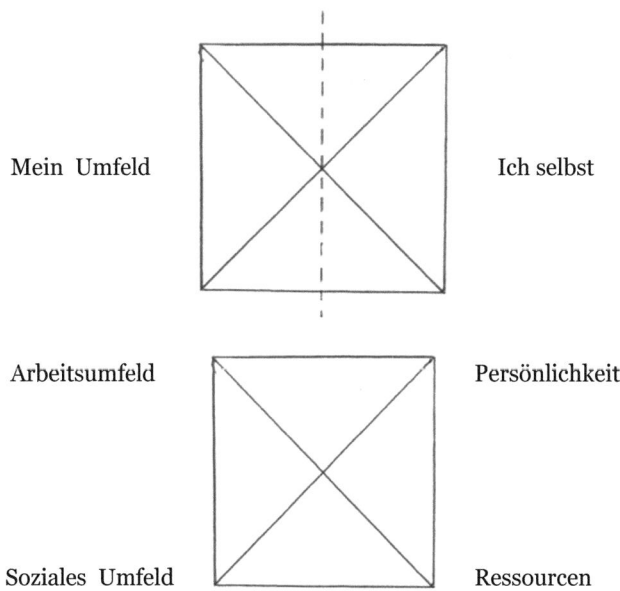

Er steht auf, holt einen kleinen Stock und zeichnet ein Quadrat mit einem Kreuz zwischen den Eckpunkten in den Sand. Dann halbiert er es noch einmal und schaut mich an:

„Die rechte Seite ist die Deines Ichs, mit den Eckpunkten Persönlichkeit und Ressourcen. Die linke Seite Dein Umfeld, mit Sozialem zum Einen und Deinem Arbeitsumfeld zum Anderen. Nun betrachte die Pyramide von oben genauer und sage mir, an welchen Eckpunkten sie bei Dir bröckelt."

Ich betrachte das Bild und muss feststellen, dass meine Pyramide gerade sehr porös ist. „Momentan bröckelt sie an allen Eckpunkten."

„Bis Du sicher?" Er schaut mir tief in die Augen. „Ich sehe das anders."

Ich schaue wieder auf das Bild im Boden: „Na ja, an der Ecke der Persönlichkeit arbeite ich gerade, sowie an der meines sozialen Umfeldes. Meine Ressourcen, wie Du es nennst, kenne ich im Groben, aber die Verfeinerung wird definitiv noch kommen. Das Arbeitsumfeld kann ich erst daheim in Angriff nehmen, wenn ich mich bewerbe und schaue, dass ich die Arbeit angehe, die mir Freude bereitet und in der ich mich ausleben kann."

„Das klingt doch schon ganz anders!"

Er hat Recht! So schlecht steht es doch gar nicht um meine Pyramide. Ich arbeite immerhin fleißig daran. ...und ich kann bereits erste Erfolge vorweisen. Also erstmal die Sache richtig betrachten, bevor man losredet.

„Ganz genauso ist es! Sieh die Sache aus mehreren Gesichtspunkten. Das Glas ist halb voll und nicht halb leer."

„Oh ja, das kenne ich."

„Wende Deine Weitsichtigkeit auch bei Dir an! Nicht nur beim Betrachten der Welt im Außen. Dann siehst Du die Fortschritte und erkennst, dass Dein Fundament Form annimmt und Du auf dem besten Wege zum Leben der Fülle bist. Wenn alle vier Eckpunkte im Einklang miteinander sind, dann hast Du nicht nur die Basis für ein Leben in Fülle geschaffen, sondern auch für Deinen inneren Frieden. Du erreichst eine innere Zufriedenheit, die von Glück und Freude getragen wird. Sie ist Deine Woge, auf der Du getragen wirst. ...und da Du all das ausstrahlst, ..."

„...kommt mehr davon in mein Leben. Ich teile es mit Anderen und bekomme es doppelt zurück."

„Sehr gut!" er klopft mir leicht auf die rechte Schulter. „Der innere Frieden stellt sich ein. Eine Stille, die Dir ein enormes Kraft- und Energiefeld eröffnet. Du reaktivierst Deinen inneren Quell, aus dem Du vollends schöpfen kannst. Dieses warme und wohlige Gefühl in Deinem Körper signalisiert es Dir. Ab und an hast Du es bereits gespürt. Das waren Vorboten, ein Vorgeschmack auf das, was Dich erwartet.

Wenn Du alleine für Dich sitzt und ganz still bist, in Dir ruhst, wirst Du die Unendlichkeit dieses Energiequells erkennen. Du bist an Deinem inneren Ruhepol angekommen, in dem Du auftanken kannst, ganz in Harmonie bist und im Einklang mit Körper und Seele. Das ist Dein Kraftort, Dein Ruhepol, der die Weite Deines Horizontes so erweitert, dass Du mehr erkennen wirst, als was Du bisher erfahren hast. Nicht umsonst ist der innere Frieden das höchste Glück von Euch Menschen.

Desto mehr Du diesen Frieden lebst und nach außen strahlst, umso öfter kannst Du der Hektik Eures Alltags entfliehen. Selbst wenn Du immer noch ein Teil davon bist. Deine Weitsicht kommt Dir dabei in jedem Augenblick zu Gute, vor allem bei wichtigen Entscheidungen. Es gibt für Dich nur noch intuitive Entscheidungen, im Einklang mit dem Verstand. Zweifel und Ängste existieren dabei nicht, denn wenn Du kein gutes Bauchgefühl hast, lässt Du sowieso die Finger davon. Sollte sich doch einmal Angst in Dir melden, dann weißt Du, dass entweder die Situation von Außen so schwerwiegend für Dich ist, oder aber, Du wirst auf Deine Entscheidungsfähigkeit hin geprüft.

Vielleicht hast Du in dem Augenblick nicht auf Deine Intuition gehört. Dann kehre in Dein Inneres zurück und korrigiere die Entscheidung. Das kommt hin und wieder mal vor. Denn Du bist ein Mensch. Das darfst Du dabei nie vergessen!
Aber dann Du hast die Fähigkeit, Deine Begabungen und Fähigkeiten nach außen zu tragen und zu leben. Auch wenn sie einmal kräftezehrend sein werden, Du trägst diesen unerschöpflichen Energiequell in Dir. Nutze ihn einfach mehr, als sonst. Dafür steht er Dir zur Verfügung. Im Einklang zu leben, bedeutet, in Liebe, Frieden und Harmonie mit sich und der Welt zu sein.

3

Das bedeutet auch, dass Du Deinen inneren Frieden nach außen hin lebst. Deine Mitmenschen, sei es in der Familie, Deine Freunde und Bekannten, aber auch auf der Arbeit, werden anfangs irritiert auf Deine ruhige Ausstrahlung wirken. Gib ihnen Zeit, sie gewöhnen sich daran. So, wie der Mensch sich an viele Begebenheiten in seinem Leben gewöhnt hat.
Aber mit der Zeit werden sie mehr und mehr Deine Anwesenheit genießen, Deine Ruhe und Kraft. Sie können bei Dir durchatmen und der Hektik ein wenig entfliehen. Einige von ihnen werden mit Dir ins Gespräch kommen und erfahren wollen, was Du getan hast, um dorthin zu kommen, wo Du bereits bist. Teile mit ihnen die Erfahrungen und eröffne ihnen den Weg, damit sie ihn ebenso gehen können, wie Du es getan hast.
Du kämpfst nicht mehr für den Frieden, Du lebst ihn und gibst ihn an Deine Mitmenschen weiter. Er ist dann sozusagen authentisch. ...und desto mehr Menschen diesem Weg folgen, umso größer wird die Masse, über die wir anfangs der Reise sprachen. Nun klingt das für Dich sicher naiv und weltfremd?!

Aber vergiss bitte nicht, dass Ihr Euch im Umbruch zum neuen Weltenjahrtausend befindet, zur fünften Dimension. Dem Weltenjahrtausend in Liebe, Frieden und Harmonie. Genau die Grundpfeiler, die Du durch Deinen inneren Frieden nach außen lebst. Das bedeutet für Dich, dass Du in der fünften Dimension angekommen bist und im Leben der Fülle."

„Aber werden denn alle in die neue Dimension hinübergehen?"

„Nur wer den Weg wirklich geht. Wer zu seinem inneren Frieden findet und ihn nach außen lebt. Es sind einige Menschen bereits auf dem Weg. Ein Großteil der Masse wird noch folgen, aber eben nicht alle. Wer Habgier lebt und an Kriegen und Krisen verdient, wird erkennen müssen, dass alles Geld nicht ausreicht. Denn der Weg zum Inneren, zu sich selbst, ist unbezahlbar. Nur wer ihn wirklich geht, wird auch den inneren und äußeren Frieden erlangen.

Dein abendliches musikalisches Ritual ebnet Dir den Weg zu Deinem inneren Ruhepol. Wie weit bist Du bereits voran gekommen?"

„Dieses warme, wohlige Gefühl stellt sich immer öfter ein und es ist ein wundervolles Erlebnis. Gestern habe ich nur noch ein paar Zeilen hinzu gefügt und das Gefühl, dass es erstmal alles an Ballast war."

„Das ist sehr gut. Solltest Du eines Tages merken, dass noch mehr zu Tage tritt, kannst Du es immer wieder durchführen. Es ist keine einmalige Sache."

„Sehr gut. Soll ich die Zeilen jetzt noch einmal lesen?"

„Nein! Das ist Dein seelischer Mülleimer, Dein Ballast, den Du abgeworfen hast. Du nimmst die Blätter einfach, ohne die Zeilen zu lesen. Denn Du wühlst ja auch nicht in Mülleimern und Tonnen, oder?"

„Nein, nicht wirklich."

„Du nimmst die Blätter, eine feuerfeste Schale und Streichhöl-

zer, oder ein Feuerzeug, eine weiße Kerze, kann auch ein Teelicht sein, und wir treffen uns nach der Dämmerung am Haupteingang zum Strand. Ich werde dort auf Dich warten."
„Gut, ich werde mit allem da sein."
„Dann werde ich Dir erklären, wie Du das Ritual vollendest."
„Okay. Ich bin gespannt und freue mich drauf!"
Dann stehen wir auf, verabschieden uns und gehen ein jeder unserer Wege. Am Ende der Wiese, wo das kleine Wäldchen beginnt, drehe ich mich um. Er ist bereits weg, aber ich verharre einen kleinen Moment. *Was er sagte, klingt großartig. Im Einklang und Frieden zu leben, innere Ruhe und große Weitsichtigkeit. Der Horizont erweitert sich so, dass man Dinge erkennt, die einem bis dahin verborgen blieben. Was er auch immer meint, es klingt faszinierend und großartig zugleich. Ist das nicht unser aller Bestreben, in Frieden und Einklang miteinander und vor allem mit sich selbst zu leben? Ein jeder sollte seine Pyramide betrachten und für sich feststellen, an welcher Ecke sie bröckelt und was er dafür tun sollte, damit der innere Frieden in sein Leben kommen kann!*
Hinüber in eine bessere Zeit zu gehen, wo Liebe, Frieden und Harmonie präsent sind, klingt schon utopisch und etwas naiv, aber auch schlüssig. Wenn man den Weg zum eigenen inneren Frieden betrachtet. Desto mehr Menschen es vollziehen, desto größer wird die Masse auf Erden sein und das neue Weltenjahrtausend, die fünfte Dimension, auf Erden leben. Dafür lohnt es sich doch, den Weg zu gehen! Für jeden Einzelnen von uns!

4

Im Hotel bat ich um eine mittlere Metallschüssel, ohne zu erklären, wofür ich sie wirklich brauche. Das Teelicht habe ich eben-

falls aus der Küche bekommen. *Ich kann nur hoffen, dass mich keiner vom Personal beim Ritual beobachtet! Sonst bekomme ich zum Frühstück nur noch Pappgeschirr und Plastikbesteck.*
Mit den Blättern, der Schüssel, dem weißen Teelicht und dem Feuerzeug gehe ich nach Einbruch der Nacht an den Haupteingang zum Strand. *Ich komme mir wie ein kleiner Junge vor, der sich jetzt zu einem besonderen Nachtereignis, vielleicht mit Lagerfeuer, verabredet hat und heimlich an den Strand stielt.*
Ich bin aufgeregt und etwas ungehalten. Nathanael steht noch nicht da. *Wer weiß, wie er kommt und sich bemerkbar macht.*
Da berührt mich jemand an der linken Schulter und sagt: „Na so!"
Ich bin etwas erschrocken, dann aber beruhigt, dass er es wirklich ist. *Wer sonst kann auch Deine Gedanken lesen?*
„Da gibt es schon Menschen. Aber sie machen eine Show daraus und verdienen ihr Geld damit und treiben sich in der Nacht nicht am Strand herum. Es sei denn, sie wollen ihre Ruhe und ausspannen. Aber ich kann Dich beruhigen, hier ist weiter keiner, außer uns beiden. Ich sehe, Du hast alles dabei?"
„Ja, habe ich."
„Gut, dann lass uns einen sicheren und windgeschützten Platz suchen!"
Hinter einem Strandkorb werden wir fündig und ich grabe die Schüssel ein wenig in den Sand.
„Nun nimm die Blätter und lege sie hinein. Zünde das weiße Teelicht an und lass es einen kleinen Moment brennen."
Ich folge seinen Anweisungen.
„Jetzt halte es an die Blätter und zünde sie an."
Eine Stichflamme schießt empor und die Blätter verbrennen schnell und heftig.
„Das waren starke negative Energien, die Du da mit Dir herumgetragen hast."

Das sehe ich auch so. Oh Mann!
Nach einer kleinen Weile bleiben nur noch Aschereste übrig, kein weiß schimmert mehr.

„Jetzt nimm die Schale in die Hand und halte sie in den Wind, damit die Asche fort getragen wird. ...und sage dabei leise vor Dich hin: ‚Liebes Universum, liebe Engel und liebe aufgestiegenen Meister! Bitte nehmt diese Energien von mir und tragt sie weit hinaus! Danke!"

Ich folge seiner Anweisung, auch wenn mir die Bitte im ersten Moment etwas schwer fällt. Aber ich halte mich daran und sage es. Dann halte ich die Schale etwas schräg und der Wind bläst die Asche hinaus. Wohin sie fliegt, kann ich nicht sehen, will ich ehrlich gesagt aber auch nicht. *Vielleicht ist es auch gut so?! Auf alle Fälle fühle ich mich leichter und befreiter.*

„Nun hast Du Deine Last von Dir geworfen und Dich gänzlich von ihr befreit. Damit bist Du einen großen Schritt weiter nach vorn gekommen. Ich bin stolz auf Dich!"

Zum ersten Mal drückt er mich sanft und ich lasse die Schüssel fallen und erwidere. Ich spüre die intensive Energie, die mich mit einem Mal ganz erfüllt. Wie ein gewaltiger Schub. *Wahnsinn!*

Er lächelt, wünscht mir eine geruhsame Nacht und verschwindet in der Dunkelheit. Ich bleibe einen kleinen Moment stehen und lasse das Geschehene auf mich wirken. Dieser Glücksmoment ist großartig. Ich kann frei durchatmen und die Liebe in mir spüren. *So möge es von nun an immer sein. Bitte!* Dabei wende ich meinen Blick automatisch nach oben.

VII.
1

Nachdem ich die Lage vorm und im Hotel kurz abgecheckt hatte, bin ich schnell in mein Zimmer gegangen, habe die Schüssel im Bad ausgewaschen und den Ruß mit samt Wasser in die Toilette gekippt. Danach hatte ich das Bedürfnis, mich selber gründlich zu reinigen, sprich zu duschen. Sauber, leicht und frei bin ich dann ins Bett und zufrieden eingeschlafen.

Am Morgen erwachte ich mit einem neuen Gefühl in mir, einer inneren Weite und Freiheit, die ich bis zum heutigen Tag noch nicht kannte. Ich saß auf der Bettkante, schaute aus dem offenen Fenster und konnte tief und ruhig durchatmen. Alles, was mich in den letzten Zeiten beschwerte, war wie verschwunden. Ich musste mich erst einmal an diese neue Weite und Freiheit gewöhnen.

Nach dem üblichen Morgenritual sitze ich jetzt auf dem Fahrrad und radle in Richtung unseres Sonnenplatzes der Erkenntnis. Der seichte Seewind erfrischt die Hitze des Vormittags und gibt mir das Gefühl, als wolle er mich durch diese endlos erscheinende Weite in mir tragen. Ich genieße die Fahrt und die wundervolle Aussicht, die Farben und Vielfalt der Natur. Als wollen sie sich mit einreihen und das große Ganze in mir und um mich herum vollenden. Es ist schwer zu beschreiben, was ich fühle und erlebe, aber es ist großartig und ab diesem Tag heute spüre ich, was es heißt, mit der Natur in Einklang zu leben. Ihre Kraft und Energie zu fühlen und in sich aufzunehmen. *Ich werde in der Zukunft so oft wie möglich in der Natur sein. Ihre Schönheit auf Bildern und Filmen festhalten, um sie meinen Mitmenschen immer wieder nahe zu bringen.*

An unserem Platz angekommen, setze ich mich dieses Mal ins

Gras und lausche dem Summen der Bienen, Wespen und Hummeln. Beobachte Mariechenkäfer bei ihren Flügen und Landungen auf Blättern und Grashalmen. *Wie wunderschön das ist! Zum ersten Mal bin ich eins mit der Natur, die mich täglich umgab. …und es ist so wundervoll, spendet unglaublich viel Kraft und Energie. Ich fühle tief in mir wieder diese Wärme und erkenne die Weite, die sich mir offenbart. Vielleicht schaue ich jetzt das erste Mal wirklich über den Tellerrand? Gepaart mit den Erkenntnissen dieser Reise, die im Grunde genommen erst richtig begonnen hat.*

Als wenn eine innere Stimme mich dazu auffordert, schaue ich intuitiv zur Bank hinüber und sehe Nathanael dort sitzen und mich zufrieden lächelnd beobachten. „Ja, jetzt hast Du zum ersten Mal über den Tellerrand geschaut und erkannt, welch wundervolle Welt Dir bis heute verschlossen blieb. Du hast gelernt, zu sehen und zu erkennen. Jetzt benutzt Du wirklich Deine Augen."

„Es ist großartig, kaum zu beschreiben! Diese Weite und Freiheit in mir, als wäre ich ein Teil des Ganzen hier und mein Körper nur eine Hülle, die anderen Menschen zeigt, dass ich da bin. Ich weiß, es klingt abstrakt, ja fast verrückt, aber genau das fühle und erkenne ich gerade."

Er lacht ein wenig. „Nein, nein, ich kann Dich beruhigen! Es mag für viele verrückt und abstrakt klingen, ist es aber nicht. Alles auf der Erde, im Universum, besteht aus Energie. Dein Körper, Deine Organe, die Zellen, Moleküle, Atome, alle haben etwas zu Grunde, Energie. Dein Geist ist viel größer, als Dein Körper. Du hast nun die Erfahrung gemacht, dass alles zusammengehört, denn Alles ist aus Energie. Du spürst die Verbindung zwischen Dir und all dem, was Dich momentan umgibt. Du bist ein Teil des großen Ganzen und doch ist es auch ein Teil von Dir. Deshalb dieses Gefühl, diese innere Weite und die

Freiheit, die Dich ganz erfüllt. Du bist eins mit der Natur, bewegst Dich im Gesetz des Lebens, bist in den großen Kreis zurück gekehrt."

Ich schließe die Augen und verweile noch ein wenig im Gras. Spüre dabei Nathanaels Blicke und bin dankbar für diesen wundervollen Tag. *Er ist sicher stolz auf mich, dass ich es geschafft habe, über den Tellerrand zu schauen!? Ich jedenfalls bin es...*

Dann stehe ich auf und setze mich zu ihm auf die Bank. Sein Blick folgt mir und er lächelt zufrieden. Nach einem weiteren Augenblick der Stille beginnt er: „Ja, ich bin stolz auf Deine Fortschritte und Erkenntnisse, die Du gewonnen hast und beginnst umzusetzen. Aber wir schreiten noch weiter voran, damit Du Dein Sehen, Fühlen und Handeln weiter sensibilisierst. Ich möchte heute mit Dir über die schönste und wundervollste Sache in der Welt von Euch Menschen reden, über die Liebe und die Vergebung. Bist Du bereit dafür?"

„Ja, das bin ich. ...und sehr gespannt!"

2

„Die Liebe ist das komplexeste und vielfältigste Gefühl in der Welt der Emotionen. Komplex deshalb, weil sie so unendlich viel zu verändern mag. Ich habe durch sie Genesungen von schweren Krankheiten gesehen, Charakterveränderungen bei Menschen miterlebt, so dass sie liebevoll und offen wurden. Sie hat versöhnt, beflügelt, inspiriert, Mauern fallen lassen und über weite Entfernungen und Zeiträume Menschen miteinander verbunden. Liebe schenkt Geborgenheit, die Vereinigung zweier Seelen und gibt Kraft und Mut. Deshalb ist sie so komplex, wie kein anderes Gefühl. Ihre Vielfalt an Arten der Liebe, sei sie platonisch, authentisch und rein und so weiter, macht sie zum höchsten Gut der Lebewesen auf Erden.

Wobei die platonische Liebe auf rein seelischer Ebene zu finden ist und bei vielen, sehr engen Freundschaften eine intensive Verbindung bildet. Dabei bleibt aber die körperliche Ebene außen vor. Die reine und authentische Liebe, auch wahre Liebe genannt, ist hingegen all umfassend.

Die Liebe ist das feinfühligste und stärkste Band zwischen Euch Menschen, das nicht nur verbindet, sondern Euch eins werden lässt. Sie geht mit einer hohen Wertschätzung und tiefen Respekt zusammen, welche die Grundlage für ein uneingeschränktes Vertrauen und aufrichtige Treue bilden.

In Eurer Zivilisation habe ich viele Lieben und Beziehungen auf dem Fundament einer großen Lebenslüge aufbauen sehen. Menschen, die von sich sagten, dass sie glauben, glücklich zu sein. Doch ich frage mich, solltet Ihr nicht vom Herzen her lieben und nicht vom Verstand?"

Er schaut mich bei der Frage an. „Im Grunde genommen schon."

„Andere widerum gehen Beziehungen ein, weil sie nicht alleine sein können und das Gefühl einer Begeisterung über einen Menschen mit Liebe interpretieren. Für weitere Menschen scheint sie zu einer Art Sportdisziplin geworden zu sein. Sie haben schnell das Gefühl der Verliebtheit, gepaart mit einem enormen Enthusiasmus, die dann recht schnell wieder verweht. Sie wechseln ihre Partner wie die Unterwäsche und wundern sich, dass sie am Ende einsamer sind, als jeder Single. Es gibt auch welche unter Euch, die bereits in jungen Jahren Torschlusspanik bekommen und meinen, den ersten besten Menschen, der ihnen begegnet, als Lebensbegleiter ansehen zu müssen. Eifersuchtsdramen sind hier und da auch mal Auslöser einer Beziehung, die nur dazu dienen sollen, einen anderen Menschen aufmerksam und eifersüchtig auf sich zu machen.

Oder wenn ich diesen Menschen nicht bekomme, dann wenigstens den, der eng mit diesem Menschen befreundet ist. So bin ich wenigstens in seiner Nähe. Es gibt aber auch Menschen in Eurer Zivilisation, die mit anderen Menschen nur Beziehungen eingehen, damit sie finanziell abgesichert sind und ein schönes Leben haben. Über die Liebe müssen wir da gar nicht erst reden. Andere wiederum finden die Liebe, halten sie aber hin, weil sie der Meinung sind, dass noch etwas Besseres kommt. Oder weil diese Liebe und Beziehung nicht in die Norm der Gesellschaft oder ihrer Erziehung gehört. Sie verbauen sich damit ihr eigenes Glück. ...und ich könnte noch einige Möglichkeiten aufzählen, die in Eurer Zivilisation heute noch an der Tagesordnung sind. Auch unterliegt die so genannte Liebe bei Euch Trendzeiten. Es ist Trend, einen jüngeren Partner oder Partnerin zu haben. Oder der Mann muss einen Bart haben, behaart sein, kurz darauf wieder unbehaart und jungenhaft aussehen und so weiter, und so weiter. Erkennt Ihr gar nicht, wie krank das Ganze eigentlich ist? Ich frage Dich, hat das überhaupt noch etwas mit der Liebe zu tun, wie sie im Grunde sein sollte?"

Ich erkenne erst jetzt so richtig, wie krank wir eigentlich in unseren Ansichten sind. Was ist aus uns geworden? „Im Grunde genommen hat das gar nichts mehr mit Liebe zu tun." Ich schüttle den Kopf und bin erstmal mit der Flut seiner Argumente überfordert.

„Das, was ich Dir aufgezählt habe, zeigt deutlich Euer Leben im Außen. Es hat nicht einmal vor der Liebe halt gemacht. Es gibt auch Menschen, bei denen Süchte die Liebe dominieren und sie damit mehr zerstören, als sie im Ansatz glauben. Nicht nur bei den Beteiligten, sondern am meisten bei sich selbst. Es ist erschütternd, aber in Eurer Welt Realität.

Sicher gibt es auch viele intakte Beziehungen in Eurer Zivilisation, wo Liebe die Grundlage ist und Menschen miteinander noch wirklich alt werden. Aber sie werden immer weniger. …und nur wenige jüngere Beziehungen folgen ihnen. Beziehungen und Liebe haben sich in den letzten Jahren bei Euch in die Wegwerfgesellschaft eingegliedert. Sie werden vielerorts so gehandhabt. Über die ganz alten Traditionen der Zwangsverehelichung schweigen wir am Besten. Ich möchte gewissen Kulturen auf der Erde nicht zu nahe rücken. Aber auch hier machen sich erste Frauen stark und befreien sich von diesen Traditionen."

„Aber was bringt diese Ansichten und Angewohnheiten hervor? Ich meine, dass es das Leben im Außen ist, verstehe ich. Aber es muss doch einen viel tieferen Grund geben!"

„Den gibt es. Es ist die Eigenliebe. Was die Einen in Eurer Gesellschaft zu viel haben, haben viele Andere entweder gar nicht oder nur wenig.

3

Die Eigenliebe steht für den gesunden Egoismus. Die Wertschätzung seiner eigenen Persönlichkeit und die Liebe zu sich selbst. Ein jeder Mensch sollte sich selbst lieben, seinen Wert erkennen und vor allem sich selbst vertrauen. Viele leiden unter Phobien und Kontrollwahn, weil sie nicht vertrauen können, schon gar nicht sich selbst. Doch wenn Du Dich nicht selbst liebst und Dir vertraust, wie sollen es dann Anderen tun?"

„Das leuchtet mir ein. Aber ich verstehe noch nicht ganz, warum in der Eigenliebe der tiefere Grund für unsere Ansichten liegt?"

„Die Liebe geht mit Vertrauen und Treue, Wertschätzung und Respekt zusammen."

Ich nicke.

„Das ist bei der Eigenliebe, dem gesunden Egoismus, nicht anders. Vertraue Dir selbst! Wenn Du alle Stecker gezogen hast, die Fenster verschlossen sind und keine Kerze an hattest, dann musst Du es nicht noch dreimal kontrollieren! Verstehst Du? Vertraue Dir und verlasse Deine Wohnung, ohne in Panikzustände zu verfallen! Es ist doch alles in Ordnung. Da könntest Du mit dem Selbstvertrauen beginnen. Als Zweites, bleibe Dir treu! Wie oft hast Du Deine eigenen Prinzipien für Andere über Bord geworfen?"

„In der Vergangenheit sehr oft."

„Du solltest vor allem erstmal Dir selbst treu bleiben, Deinen Prinzipien und Erfahrungen. Du schöpfst aus einem großen Pool. Nutze ihn vorrangig für Dich, wie dann auch für Deine Mitmenschen. Du sollst Deine Erfahrungen weitergeben, aber selbst davon auch profitieren. Nicht nur die Anderen. Wie viel bist Du Dir selbst wert?"

Ich schaue ihn mit großen Augen an. *Super Frage!* - Doch dann gehe ich etwas in mich. „Früher habe ich meinen Wert daran gemessen, was ich für andere Menschen in ihren Leben verändert und ermöglicht habe. Sprich daran, was ich ihnen weiterreichen konnte. Heute..."

„Ja?" – „Heute habe ich erkannt, wer ich wirklich bin."

„Dann stelle ich Dir die einfache Frage: Wer bist Du?"

Mir fährt ein Lächeln über die Lippen. *Das war klar!* Ich schaue in seine azurblauen Augen, als könne ich mich darin spiegeln: „Ich bin ein liebevoller, herzlicher und offener Mensch, der seine Prinzipien hat und mittlerweile auch daran festhält. Ich bin sehr naturverbunden, liebe und schätze das Leben in all seinen Facetten und habe seine wahre Schönheit auf dieser Reise kennen lernen dürfen. Was meinen inneren Schatz stark bereichert hat. ...und ich habe in meinem Leben, besonders auf dieser Reise, viele Erfahrungen gesammelt und teile sie gern mit anderen Menschen, wenn sie ihnen helfen können. Ich habe aber auch gelernt, diesen Schatz für mich anzuwenden und den Weg zu gehen, der mich zu meinem wirklichen Leben führt. Ich kann wieder richtig sehen, weil die Schleier verschwunden sind und dementsprechend handeln. Ich bin ein authentischer Mensch, voller Humor und einem gewissen Schalk im Nacken, der aber auch sehr gut zuhören kann und mitfühlend ist. Diese Sensibilität hat mir und anderen Menschen, die mein Leben kreuzten, sehr gut getan und vor allem geholfen. Mit meiner Kreativität habe ich die große Möglichkeit, das wahre Sehen und die Schönheit der Natur um uns herum für andere Menschen festzuhalten. Somit kann ich ihnen den Weg zur Wahrheit zeigen und weisen, sie an meinen Erkenntnissen teilhaben lassen."

„Sehr gut, Kompliment! Besser hätte ich es nicht beschreiben können. Wobei Deine Wahrheitsliebe noch der Erwähnung bedarf, vor allem Dein Einstehen vor Anderen für sie. Das bedeutet doch, dass Du ein wirklich kostbarer Mensch bist, der liebenswert ist und den man von Herzen lieben kann?!"

„Ich denke schon..." – „Ich denke, aha..."

Ich muss lachen. „Ja, das bin ich und ich weiß es tief da drinnen." Ich zeige auf das Herz.

„Das klingt doch ganz anders. Ich erkenne daraus, dass Du Deinen Wert erkannt hast, ihm mit Respekt begegnest und auch nach außen trägst. Das ist eine sehr gute Grundlage für Deine Eigenliebe, Deinem gesunden Egoismus. Doch ich möchte Dir eine weitere Frage stellen!"

„Bitte, gern!" – „Liebst Du Dich auch so, wie Du bist?"

Ich schaue hinüber zur See. Die Sonne spiegelt sich im Wasser und lässt dadurch silbern schimmernde Flecken darauf entstehen. Aber ich schweige. Nicht, weil ich nicht reden will, sondern nicht kann. *Was soll ich darauf sagen?*

„Du hast Dich selbst noch nie damit konfrontiert, jedenfalls nicht direkt. Aber tief in Deinem Herzen liebst Du Dich. Denn sonst hättest Du nicht eine derart gute Einschätzung über Dich selbst geben können. Deine anerzogene Bescheidenheit verbietet es Dir, damit zu prahlen. Was auch sehr gut ist. Dennoch solltest Du diese Liebe für Dich mehr zum Vorschein kommen lassen. Es gibt dafür eine wunderbare, wie einfache Übung: Stelle Dich vor einem Spiegel und schaue Dir tief in die Augen. Dann sage zu Dir: ‚Ich liebe mich so, wie ich bin! Von ganzem Herzen.' Wenn Du das kannst, ohne dabei einen Lachanfall zu bekommen oder gar Grimassen zu schneiden, dann hast Du diese Eigenliebe erreicht. Gepaart mit dem warmen und wohligen Gefühl in Deinem Körper."

Nun wende ich den Blick wieder zu ihm: „Das werde ich nachher gleich mal versuchen. Ich bin gespannt."

„Wenn es nicht gleich klappt, dann gebe nicht auf! Sondern wiederhole jeden Tag diese Übung, bis Du es geschafft hast. Es wird Dir in vielerlei Hinsicht helfen. Du musst nicht einen trainierten Körper haben und wie Adonis aussehen, um aufrichtig geliebt zu werden. Deine inneren, wahren Werte zählen tausendmal mehr. Wer diese erkennt und Dich aufrichtig liebt, ist der Mensch, der Dich auf Deinen weiteren Wegen begleiten wird. Glaubst Du an die wahre Liebe?"

„Wer wünscht sie sich nicht? Aber daran glauben? Hmmm... Ich weiß nicht."

„Doch, Du weißt es! Horche tief in Dich hinein. Wünschst Du sie Dir denn?"

„Ja, natürlich."

4

„Wenn Du Dir etwas vom Herzen her wünschst, dann glaubst Du auch daran. Sonst wäre Deine Hoffnung und Dein Glauben daran nicht präsent und würden Deinen Wunsch formieren. Es gibt sie wirklich, die wahre Liebe. Sie ist leicht, kennt keinen

Schmerz und erweckt alle Freude und Glück in Dir. Es gibt keine Kompromisse mehr, wie bisher. Alles geschieht auf gleicher Augenhöhe, voller Respekt, tiefem Vertrauen und aufrichtiger Treue. Keiner dominiert mehr, beide sind gleich und entscheiden zusammen. Natürlich gibt es hier und da auch Situationen, über die geredet werden muss, eventuell mal diskutiert, aber es geschieht auf einer herzlichen und liebevollen Ebene und führt zu einem gemeinsamen Ziel. Diese Liebe kommt tief aus dem Herzen, ist rein und authentisch. Jeder liebt den Anderen so, wie er ist, ohne Einschränkungen. Ihr seid im Einklang miteinander und mit Eurer Umwelt, in Harmonie mit Körper und Seele zu beiden Anteilen. Das mag jetzt wie aus einer Seifenoper klingen, ist aber die Realität. Sie geschieht bei den Einen auf dem ersten Blick, bei Anderen ist sie wie eine Knospe, die zu einer wunderschönen Blüte aufbricht. Aber sie berührt ab den ersten Moment beide Seiten tief im Herzen und das entfachte Feuer verlischt nicht mehr. Ihr schenkt Euch Geborgenheit, Sicherheit und einen gemeinsamen Frieden. Das heißt, dass Du dann das Gefühl hast, Du bist in Deinem Leben angekommen. Du kannst Dich fallen lassen und auch mal schwach sein. Denn auch starke Menschen tragen eine schwache Seite in sich. Sie gehört genauso zu Dir und wird von Deinem Gegenüber ebenso respektiert und akzeptiert, wie Deine starke Seite. Ihr seid einfach ihr."

„Das klingt großartig. ...und Du sagst, keinen Schmerz mehr?"

„Keinen Herzschmerz mehr. Denn Euer tiefes Vertrauen zueinander, welches ohne Geheimnisse auskommt, lässt Euch auf das wiederkehrende Treffen voll Freude warten. Ohne dieses begehrliche Gefühl, den anderen Menschen in jeder Sekunde bei sich zu haben. Du kannst auch Zeit mit Dir und Deinen Projekten verbringen, Deiner Arbeit nachgehen, ohne Dir Gedanken machen zu müssen, Dich der Eifersucht zu ergeben. Auch wenn

Eure Interessen nicht hundertprozentig übereinstimmen, so könnt Ihr Euch durch die anderen Interessen neue Wege eröffnen und einander daran teilhaben lassen. Denn die wahre Liebe bedeutet keinen Stillstand, sondern ein gemeinsames Voranschreiten, zu beiderseitigem Nutzen. Ein Aufgeben der eigenen Interessen für den Anderen, nur damit er weiter voran kommt, ist Vergangenheit. Gehört nicht zur wahren Liebe."

„Das ist wirklich ein Quantensprung zu vielen Beziehungen in unserer heutigen Zeit und Gesellschaft. Aber sind wir denn dazu bereit? Ich meine, wenn ich mir die konstrusen Ansichten über die Liebe und Beziehungen ansehe."

„Ihr befindet Euch im Umbruch. Was nicht zusammen gehört, trennt sich. Lügen treten hervor und verlangen nach einer Auflösung. Intrigen kommen zu Tage und durchtrennen Bänder, die im Grunde genommen Ketten waren. Alles findet den Weg der Reinigung und Auflösung, damit der Weg für die wahre Liebe geebnet wird. Denn was zusammen gehört, findet den Weg zueinander und lernt die wahre Liebe kennen. Bestehende Beziehungen, die Teile der wahren Liebe bereits leben und das beste Potential für diesen gemeinsamen Weg haben, werden auf eine neue, höhere Stufe gehoben. Alles fügt sich zu einem harmonischen Ganzen zusammen, wie ein gewaltiges Mosaik, das ein wunderschönes Bild am Ende ergibt. Aller Schein verfällt und wird verweht. Was bleibt, ist die Wahrheit."

5

„Diese Erkenntnis schenkt Kraft, den Weg weiter zu gehen. ...und ich denke mal, dass es ein großer Teil des Lebens in Fülle ist."

Nathanael nickt zustimmend.

„Großartig. Das ist Motivation pur."

„Doch ein wichtiger Zyklus auf diesem Weg ist die Vergebung an Andere, damit Du frei von Verletzungen und Wunden in Dir bist. Du solltest jenen Menschen von Herzen vergeben, die Dir unschöne Veränderungen in Dein Leben gebracht haben und damit Verletzungen zugefügt. Wie zum Beispiel Deine erste große Liebe. Denn es gibt heute noch Situationen, in denen Du an diese Person denkst. Damit zeigt Dir Deine Seele, dass die Wunden noch immer nicht verheilt sind, weil Du nicht vergeben hast.

Mit der Vergebung schickst und schenkst Du der Person Frieden und Liebe. Was Du gleichzeitig auch Dir schenkst und dadurch Balsam auf die Wunden legst, damit sie verheilen können. Deshalb ist die Vergebung so wichtig. Sie heilt und lässt für immer vergessen. Vor allem lässt Du endgültig los und die Energie der anderen Person kann von Dir gehen. Du machst Dich für die neue Liebe und die neuen Wege frei."

„Wie mache ich das? Sage ich nur: Ich vergebe Dir! ...und geht das bei jeder Person, auch wenn sie schon tot ist?"

„Es ist ein ähnliches Ritual, wie das letzte, welches wir am Strand vollzogen haben. Nur dass Du dieses Mal auf die Zettel schreibst: Ich vergebe, dann den vollen Namen, von ganzem Herzen für... Dann schreibst Du alles auf, was geschehen ist und Deine Verletzungen hervor gerufen hat. Wenn Du damit fertig bist, und das ist ganz wichtig, schreibst Du am Ende: Ich vergebe mir von ganzem Herzen, dass ich all diese Situationen und Umstände zugelassen habe.

Denn nur, wenn Du Dir auch selbst vergibst, können die Wunden wirklich heilen und Du kannst die Energien gehen lassen. Deshalb ist dieser Satz am Ende sehr wichtig. Danach werden die Zettel verbrannt und dem Universum mit dem Wind übergeben."

„Ich weiß auch schon, welchen Menschen ich als erstes von

Herzen vergeben würde."

„Dann solltest Du es heute Nachmittag gleich umsetzen und wir vollziehen heute am späten Abend das Ritual.

Um noch auf den zweiten Teil Deiner Frage zurück zu kommen: Ja, es funktioniert auch bei Personen, die heute nicht mehr am Leben sind. Denn es geht ja um die Auflösung und das Loslassen der Energien zwischen Euch und um das Heilen Deiner Wunden. Du nimmst ein Foto von diesem Menschen oder stellst ihn Dir bildlich vor. Dann beginnst Du zu schreiben, so, als wenn Du diesem Menschen genau das sagen würdest, was Du auf dem Papier festhältst."

„Gut und ich mache das Ritual für jede einzelne Person, oder kann ich gleich mehrere auf einmal?"

„Am Anfang für jede Person einzeln. Sonst wäre es ein energetisches Chaos."

„Okay, dachte ich mir schon."

Nathanael lächelt. „Später, wenn Du es noch einmal abschließend machen möchtest, kannst Du das Ritual allgemein anwenden, indem Du allen Menschen Deines bisherigen Lebens noch mal vergibst. Dabei nennst Du aber keine Namen mehr. Doch erstmal solltest Du jedem Einzelnen vergeben. Das ist intensiver und befreiender.

Dann sehen wir uns heute Abend nach Einbruch der Nacht am Haupteingang des Strandes. Vergiss die Schale, die Kerze und die Streichhölzer nicht! Vor allem Deine Zettel!"

„Ich habe noch alles auf dem Zimmer."

Er steht auf und ich folge ihm. Beim kurzen Umarmen sagt er noch: „Bis heute Abend!"

Dann geht er und ich folge meinem Hungergefühl und breche in Richtung Hotel auf.

6

Nach einer ausgiebigen Mahlzeit bin ich ins Hotel zurück gekehrt und sitze nun am Kommodentisch und beginne zu schreiben: „Ich vergebe, …, von ganzem Herzen für…"
Hier und da werden noch einmal einzelne Situationen präsent und meine Hand schreibt ebenso eifrig wie fast motorisch. Dann muss ich absetzen und schaue mich im Spiegel über den Kommodentisch an und sehe, wie Tränen über meine Wangen laufen. *Da ist noch viel mehr in mir, als ich dachte. So stark emotional, dabei ist es schon ewig lange her… Aber er hat Recht, jetzt spüre ich wieder die Wunden, den Schmerz der Verletzung und es ist an der Zeit, sie zu heilen.*
Ich fasse mich ein wenig und schreibe alles Weitere auf. Am Ende setze ich den Satz der eigenen Vergebung. Dann muss ich erst einmal raus und gehe ein wenig an der Strandpromenade spazieren. Die frische Luft tut sehr gut und macht frei. Ich genieße die angenehme Seebrise und verweile eine Runde am Rondell vor dem Haus des Gastes.
An den Imbisslokalen, nahe dem Haupteingang vom Strand, nehme ich noch einen kleinen Snack zu mir und gehe zurück in mein Zimmer, um alles fürs Ritual vorzubereiten. Als ich wieder vor dem Spiegel stehe, fällt mir die aufgetragene Übung ein. Ich schaue mir tief in die Augen und muss erstmal lachen. Nach mehreren Anläufen bekomme ich wenigstens die Worte „Ich liebe…" heraus. Weiter klappt es noch nicht, dann muss ich lachen oder schneide wirklich Grimassen. *Da ist er wieder, der kleine Junge in mir. In solchen Situationen tritt er gern einmal nach außen und lässt seinen Ambitionen freien Lauf.*
Über die Zeit der Übung hinweg hätte ich beinahe unser Treffen vergessen. Denn draußen wird es bereits dunkel. Also schnappe ich mir die Sachen und den Zettel und begebe mich zum Haupt-

eingang des Strandes. Dieses Mal ist mein Gemüt schwerer, von einer Traurigkeit belastet, die endgültig hinaus will. *Ich bin froh und dankbar, dass Nathanael dabei ist!*

7

Ich setze mich auf die Abgrenzung und kurz darauf steht Nathanael neben mir.
„Bereit fürs Loslassen und Vergeben?"
Ich nicke nur und wir gehen schweigend zum Platz hinter dem Strandkorb, der wieder sehr günstig steht und Schutz vor dem leichten Wind bietet. *Dabei fällt mir auf, dass es der Strandkorb ist, aus dem mich das Ehepaar heraus gebeten hat.* Nun muss ich doch etwas grinsen.
„Hast Du Dich von den Situationen und Emotionen entledigen können?"
„Ja, auch wenn es recht schwer fiel. Du hattest Recht, ich spürte dabei die Wunden und den Schmerz, den sie heute noch verursachten."
„Dann sollten wir beginnen!"
Ich lege den Zettel in die Metallschüssel und zünde danach die Kerze an. Nathanael beobachtet meine Abläufe und als ich mich nach unten beuge, um den Zettel anzuzünden, stellt er sich schützend neben mich. Dieses Mal verbrennt der Zettel langsamer und es sind nur kleine Flammen. Ich stehe da und schaue zu, während die Traurigkeit den Weg ins Freie sucht. Er nimmt mich seitlich in den Arm und streichelt meine rechte Schulter.
„Es ist an der Zeit, die Menschen loszulassen, die Deine Liebe nicht so erwiderten, wie Du sie ihnen gegeben hast. Nun können Deine Wunden heilen und die Schmerzen werden vergehen."
Dann stehen wir noch einen kurzen Augenblick vor der Asche in der Schüssel. *Etwas ist aus meinem Herzen gegangen und hat*

eine Leere zurück gelassen. Die Tränen haben alles heraus gespült.

„Das ist auch gut so. Somit hast Du Freiraum für das Neue, Schöne geschaffen. Jetzt kann es zu Dir kommen. Nun nimm die Schüssel, halte sie wieder in den Wind und bitte das Universum, die Engel und die aufgestiegenen Meister, dass sie diese Energien von dir nehmen mögen und die Vergebung hinaustragen, damit Deine Wunden heilen können."

Ich folge seiner Anweisung und dieses Mal fällt mir das Reden dabei leichter. Der Wind trägt die Asche davon und zurück bleibt eine leere, leicht verrußte Schüssel.

„Nun hast Du den Frieden mit Dir und diesem Menschen geschlossen und kannst damit die Wunden heilen."

Er nimmt mich in den Arm und schenkt mir wieder von seiner Energie, die meinen Körper stark durchfließt. Sie tut sehr gut. Dann gehen wir diesmal gemeinsam zum Hotel und er begleitet mich auf mein Zimmer. Erschöpft falle ich auf das Bett und er setzt sich auf die Bettkante und schaut mich an.

Langsam verschwindet die Schwere aus meinem Gemüt und Leichtigkeit erfüllt mich mehr und mehr. Er lächelt mich an, nimmt meine linke Hand und sagt: „Jetzt erhole Dich erstmal. Du hast heute viel erfahren und bewegt. Nun ist es an der Zeit, zu entspannen und Dir Ruhe zu gönnen."

Ich nicke im Liegen und schließe meine Augen. Ich spüre seine Energie, die über meine linke Hand in den Körper fließt, wie ein Fluss, der durch meine Adern strömt. *Das leichte Kribbeln schenkt Kraft und Ruhe zugleich. Ich bin so froh und dankbar, dass er noch da ist und bei mir sitzt.*

Ich höre nur noch „Entspanne jetzt und schlafe ein!", dann übermannt mich doch die Müdigkeit. Gegen drei Uhr werde ich wach, in Unterwäsche im Bett liegend und Nathanael ist verschwunden. Ich gehe kurz auf die Toilette. Fühle mich noch immer erschöpft und ausgelaucht. *Als wäre ich einen Marathon gelaufen.*

Nachdem ich wieder im Bett bin, schaue ich aus dem geöffneten Fenster in den Nachthimmel, lausche den Wellen und schlafe erneut ein.

VIII.

1

Am späten Morgen werde ich wach und setze mich erstmal hin. *Was war das nur für ein Traum? Viele verschiedene Menschen aus meiner Vergangenheit waren auf einer Party, an einem Ort, den ich nicht einmal kenne, und unterhielten sich miteinander. Obwohl sich viele von ihnen gar nicht kannten. Ich bin zwischen ihnen hin und her gegangen, aber nur wenige sprachen mich an und redeten mit mir. Sehr merkwürdig!*
Als Erstes dusche ich mich gründlich, bevor ich zur Mundhygiene übergehe. Das frische Gefühl verleiht neue Energie. Dann genieße ich im Speisesaal das Spätaufsteherfrühstück und lasse den gestrigen Tag Revue passieren. *Es war ein erkenntnisreicher Tag und zeigte mir einmal mehr, wie seltsam und verschoben viele Strukturen in unserer Gesellschaft sind. Mit welchen Ansichten wir durch unser Leben gehen und was viele von uns unter Liebe und Beziehung verstehen. Da kann man größtenteils nur den Kopf schütteln. Es ist an der Zeit, dass wir uns der wahren Liebe besinnen. Die platonische Liebe zwischen zwei Menschen beruht auf einer tiefen freundschaftlichen Verbindung. Das sehe ich genauso. Die wahre Liebe ist die, aus der die Beziehungen und Ehen fürs Leben entstehen. ...und wenn sie von solchen Werten und Umständen geprägt sind, können wir doch nur einer großartigen Zeit entgegen gehen. Vorausgesetzt, wir gehen unseren Weg und sind für diese Erfahrung und dieses Leben bereit! Ich für meinen Teil bin es und kann es kaum erwarten, dieses Leben zu leben!*
Nach dem Frühstück gehe ich ein wenig an der Strandpromenade spazieren und genieße den warmen Sommertag. *Obwohl am Strand so viel Trubel ist, schenkt mir dieser Ort Kraft und*

der Wind umschmeichelt mich. *Der Trubel macht mir nichts mehr aus. Im Gegenteil, irgendwie weckt er in mir eine starke Lebendigkeit. Ich liebe die See und bin sehr froh, hier zu sein!* Immer häufiger erfüllt mich diese wohlige Wärme und schenkt mir diese Zufrieden- und innere Gelassenheit. *Ich bin dankbar dafür und möchte diese Erfahrungen und Augenblicke nicht mehr missen. Sie haben viel in mir verändert...*
Ich setze mich auf die kleine Mauer entlang der Düne und lasse den Blick über die See streifen. Als mich die Sonne blendet, schließe ich die Augen und genieße. Völlige Ruhe herrscht in mir, kein Wackeln mit dem Bein oder Spielen an den Findern. *Sollte ich den Weg zu meinem Ruhepol gefunden haben?*

2

Eine ganze Weile saß ich da, entspannte und genoss den Frieden in mir, diese Ruhe und tiefe Gelassenheit.
Nach dem Essen bin ich auf mein Fahrrad und zu unserem Platz aufgebrochen. Dort angekommen, setzte ich mich auf die Bank und kehrte schnell zum Zustand der Ruhe und des Friedens zurück. Eine sanfte Stille, untermalt von den Geräuschen der Natur. Dennoch im Einklang mit mir, wie ein großes Ganzes.
„Ich freue mich, wenn ich Dich so sehe. Ein Teil des großen Ganzen, im Einklang mit Seele und Körper. Frei von allen Zwängen und Gedanken, im Fluss des Lebens. Aus Dir strömt Freude und Frieden und Du hast Dir das Tor zu Deinem Glück geöffnet."
Ich öffne die Augen und schaue Nathanael an: „Schön, dass Du wieder da bist!"
„Vielen Dank! Ich freue mich auch, Dich zu sehen! Vor allem so, wie Du gerade neben mir gesessen hast."
„Ich genieße diese Augenblicke und die Ruhe in mir. Vor etwas

über einer Woche war das noch undenkbar. ...und heute..."

„...heute ist es Realität. Du hast Dich schnell geöffnet und viel gelernt, um Deinen neuen Weg gehen zu können. Nur wenige Menschen sind in der Lage, alte Strukturen und Muster so schnell zu durchbrechen und zu erkennen, was sie zu ihrem wahren Glück wirklich brauchen. Es ist so einfach, nämlich nur sich selbst."

„Ist es wirklich so einfach?"

„Ja, es ist so! Ihr sucht stetig Euer Glück im Außen. Macht es von gewissen Dingen oder Menschen abhängig. Ich erläutere es Dir an zwei Beispielen, in welchen Denkstrukturen Ihr gefangen seid und damit Euch selbst im Wege steht. Denn, wie Du danach erkennen wirst, das Glück findest Du nicht im Außen.

Nehmen wir an, es kommt eine neue Kamera auf dem Markt, die sehr viel mehr kann, als Deine jetzige. Sie wird Dir über die Werbung schmackhaft gemacht, ist in einem Einführungspreis. Es ist im Grunde genommen ein Luxusgegenstand, den Du nicht notwendiger Weise zum Überleben benötigst. Er vereinfacht Dir die Fotografie, weil Du selbst nicht mehr viel verstellen brauchst, um das perfekte Bild zu schießen. Da sie immer wieder angepriesen wird, nicht nur in Prospekten und Zeitschriften, gehst Du in ein Geschäft und schaust sie Dir genauer an. Du überzeugst Dich von den Vorzügen und ihrer Handhabung. In dem Moment wird Dein Kaufwunsch geweckt, oder wenn er bereits vorhanden ist, noch mehr verstärkt. Da der Preis am Anfang noch verschreckend war, überlegst Du jetzt, wie Du Dir diese Kamera zulegen könntest. Du stellst Überlegungen über Kredite an, das Geld Dir zu borgen und dann nur noch mit der Kamera Fotos zu machen. Denn ihre Vorzüge überzeugen nicht nur Dich, sondern werden auch den Anderen die Notwendigkeit des Kaufes verdeutlichen. Du siehst Dich buchstäblich mit der Kamera herumreisen, auch wenn Du es

Dir momentan nicht leisten kannst, und die tollsten Fotos machen. Daraus kann man doch ebenso Geld machen und somit zusätzlich den Kredit, oder das geborgte Geld zurückzahlen.

Du gehst sogar so weit, dass Du Dein Glück davon abhängig machst, von einem Gegenstand, der nicht einmal lebensnotwendig ist. Du setzt mehr und mehr Hebel in Bewegung und stellst Dir den Glücksmoment vor, wenn Du sie käuflich erwirbst und in den Händen hältst. Sie ist dann Deins und Du kannst damit soviel bewerkstelligen. Jedes Mal, wenn Du die Kamera siehst, wirst Du an diesen Kaufwunsch und deren so genannte Vorteile erinnert, das Begehren mehr und mehr genährt.

Der Kredit wird nicht gewährt und die Anderen möchten Dir gern helfen, aber nicht mit der Summe. Dein Begehren, welches weiter geschürt wird, schlägt in Traurigkeit um und Du stellst vieles in Frage, weil der Kauf nicht ermöglicht wird. Viele gehen sogar so weit, dass sie Freundschaften in Frage stellen, weil sie nicht helfen wollten. Diese Kamera ist der Fixpunkt geworden und stellt andere Dinge in Frage. Sie schenkt Traurigkeit und Missmut. So weit kann eine Begehrlichkeit führen. Die alte Kamera ist nun so schlecht und die Neue darfst Du nicht haben, das ist ja so ungerecht! Dabei macht die alte Kamera genauso gute Fotos, wie vorher und da war sie doch so toll!

Ihr lasst Euch von Begehrlichkeiten lenken und leiten, oftmals auch für die wahren Werte und vorhandenen Dinge blind werden. Krampfhaft setzt Ihr Energien hinein und wundert Euch, dass Euer tiefster Wunsch nicht erfüllbar ist. Dabei sind diese Begehrlichkeiten von zeitlichen Abschnitten geprägt, seien sie von längerer oder kurzer Dauer. Denn wenn Ihr das Eine habt, kommt etwas Neueres und der Prozess geht von Neuem los. Ihr begebt Euch erneut in diesen Kreislauf und lasst Euch von dem Einen lenken und leiten, sucht nach Möglichkeiten für den

Erwerb, während Ihr das Andere in Frage stellt und negiert.
Viel tief greifender ist es bei Personen, denen Ihr Euer Herz geschenkt habt, diese aber noch nichts davon wissen. Ihr fixiert Euch auf diesen Menschen, seid Euch gewiss, dass Ihr ihn liebt. Doch dieses Verliebtsein ist von Eurem Begehren getragen, diesen Menschen an Eurer Seite zu haben, mit ihm glücklich zu sein und das Leben zu verbringen. In Eurer Fantasie stellt Ihr Euch die wundervollsten Momente vor, erfüllt von Liebe und wahrer Glückseeligkeit. Kreuzt diese Person Euren Weg, fühlt Ihr den Herzschmerz, der durch Eure Sehnsucht ausgelöst wird, weil Eure Fantasien nach Erfüllung rufen. Viel intensiver wird die Sehnsucht, wenn dieser Mensch in der näheren Umgebung von Euch ist, sei es auf Arbeit oder im Bekannten- oder Freundeskreis. Diese unglückliche Liebe, wie Ihr sie nennt, besteht aus Fantasie, Schmerz und großer Sehnsucht. Ihr macht Euer Glück von diesem Menschen abhängig. Nur mit ihm könnt Ihr zufrieden und glücklich sein. Eure Fixierung bleibt oft jener Person nicht unerkannt.

Nun gibt es zwei Wege: Entweder die Person empfindet gleiches für Dich und Ihr findet den Weg der Kommunikation und des Zusammenseins. Oder aber, Eure Sehnsucht wird nicht erhört und die Sympathie ist nur auf Eurer Seite. Dann bricht für Euch eine Welt zusammen und Ihr stellt alles Andere in Frage, vergeht in tiefer Trauer und gebt Euch selbst Versprechen, die Ihr in der Zukunft nicht einhalten könnt. Wie zum Beispiel: ‚Ich werde keinen anderen Menschen so lieben, wie diesen!' und so weiter. Du kennst bestimmt diese Redewendungen!?"

Ich nicke bestätigend und grinse ein wenig dabei. *Er hat mich ertappt.*

„Doch gehen wir einmal von der Situation aus, dass Deine Sehnsucht erhört wird und Ihr einen gemeinsamen Weg beschreitet. So liegt es dann an Beiden, wie intensiv und lange der

Weg sein wird. Was in Eurer Gesellschaft oft mit Beziehung verwechselt wird, ist Besitzergreifende Einstellung zum Anderen. Ihr glaubt, dass der andere Mensch Euch dann gehört. Aber das ist ein großer Trugschluss! Denn niemand von Euch Menschen gehört einem Anderen! Liebe bedeutet auf gleicher Ebene verbunden zu sein, aufrichtig und authentisch, in tiefem Vertrauen und Treue. Wir sprachen bereits darüber. Am Anfang eines solches Weges ist man ineinander verliebt. Die Sympathie zueinander ist so groß, dass man die Zeit am liebsten nur mit diesem Menschen verbringen möchte. Das ist Verliebtsein, die Liebe wächst im Laufe der Zeit, wenn auch das Vertrauen und die Treue sich mehr und mehr vertiefen.

Natürlich gibt es auch Begegnungen, wo man sofort merkt, dass der andere Mensch der Richtige oder die Richtige ist und der /die Gegenüber ebenso empfindet. Dann erwächst die Liebe viel schneller und das Verliebtsein vom ersten Augenblick an wird durch die Liebe recht bald abgelöst. Doch oftmals müssen die Menschen erst einmal zueinander finden, wobei die Sehnsucht und Sympathie zueinander eine große Hilfe ist.

Dennoch solltest Du Dein Glück nicht von einem anderen Menschen abhängig machen! Du besitzt sie nicht! Niemand ist eines Anderen Eigentum! Das solltet Ihr in Eurer Gesellschaft wieder lernen. Wahre Liebe beinhaltet auch Freiheit für jeden von Beiden. Denn Ihr könnt Euch nur voranbringen und Eure Liebe leben, wenn Ihr vertraut und treu zueinander seid. Somit schafft Ihr Euch selbst Freiheit, damit sich ein jeder entfalten und in die Beziehung einbringen kann.

3

Aber warum lasst Ihr Euch auf solche Begehrlichkeiten ein? Warum macht Ihr Euch davon abhängig?"

„Hmm…" *Ich muss überlegen…* „Vielleicht sind es unsere Ansichten, Instinkte?!"

„Euch werden Begehrlichkeiten angelernt, durch Eure direkte Umwelt, während Ihr heranwachst und erwachsen werdet. Du kennst sicher den Satz: ‚Sei vorsichtig, was Du Dir wünschst, es wird in Erfüllung gehen!'"

„Oh ja, den kenne ich. Aber er trifft nicht immer zu."

„Warum wohl?"

„Hmm, gute Frage! Na ja, vielleicht soll es nicht passieren oder wir sind zu energisch im Wünschen?!"

„Letzteres trifft den Nagel auf den Kopf, wie Ihr so schön sagt. Das mit dem Wünschen ist die eine Sache, daran zu glauben und es dann anzunehmen die Andere. Ihr wünscht Euch etwas, hakt immer wieder nach, weil Ihr glaubt, dass es wichtig ist, es stets zu bekräftigen. Das ist nicht wirklich richtig! Wenn Du in jedem nur möglichen Augenblick erneut das Gleiche wünschst, sei es eine Sache oder einen bestimmten Menschen neben Dir zu haben, das sendest Du erneute Energie aus, die sich mit der voran gegangenen multipliziert. Du baust eine energetische Flutwelle auf. Nun frage ich Dich: Würdest Du Dich mit ausgebreiteten Armen einer Flutwelle entgegen stellen? Nach dem Motto, nimm mich, hier bin ich!"

Ich schüttle lachend den Kopf. „Oh nein! Ich würde die Beine in die Hand nehmen und versuchen, mich in Sicherheit zu bringen."

„Siehst Du, so geht es der anderen Person oder deshalb kann diese Sache nicht in Dein Leben gelangen. Versetz Dich in die Lage des Anderen! Wir sprachen bereits darüber. Wenn Du die Person siehst und stetig diese Flutwelle in Gang setzt, kann dieser Mensch nicht zu Dir kommen. Weil Deine energetische Flutwelle ihn stets zurück wirft. So einfach ist es."

„Aber wie wünsche ich dann richtig? Hier und da sagt man, Du sollst Dich so fühlen, als wenn Du es schon hast, oder die Person bereits bei Dir ist. Gebe ich damit nicht andauernd Energie in den Wunsch?"

„Beginnen wir einmal so: Wünschen sollst Du. Denn ein jeder Mensch hat Wünsche, viele sind real, einige hingegen sehr unrealistisch. Wenn Du Dir etwas wünschst, egal, was es jetzt ist, dann solltest Du ein wohliges Bauchgefühl dabei haben. Wünsche sollten aus dem Herzen kommen, nicht vom Verstand. Hast Du ein gutes Bauchgefühl, dann kannst Du Dir die gewünschte Situation oder Sache in Deinen Händen gut visualisieren. Das meint man damit, dass Du Dich so fühlen sollst, als wenn Du bereits diese Situation oder Sache hast. Ein Herzenswunsch schwingt stärker und schneller, als ein Wunsch des Verstandes. Herzenswünsche sind auch realistisch, Verstandswünsche sehr oft irreal.

Doch bleiben wir dabei, dass Du einen Herzenswunsch geäußert hast und Dir die Situation mit wohligem Gefühl visualisieren kannst. Jetzt kommt der entscheidende Faktor, im Grunde genommen sind es zwei: Lass los und kümmere Dich weiter um Dich und Deinen Weg und habe Geduld. Vertraue darauf, dass das Gewünschte in Dein Leben kommt, wenn es zu Dir gehört, Deinen Weg erleichtert und Dich weiter voran bringt. Geduld ist dabei sehr wichtig. Denn zum richtigen Zeitpunkt wird es dann in Dein Leben kommen. Doch beim Loslassen und Thema Geduld gehen viele von Euch in die Knie. ‚Wie Geduld? Ich habe es mir doch so sehr gewünscht und nun muss ich geduldig darauf warten? Das ist ja blöd.'

Solche Sätze höre ich oft von Euch Menschen und dann verwerft Ihr alles wieder und sagt Anderen, dass dies Blödsinn ist und gar nicht funktioniert. Doch oftmals passiert es einige Zeit später und die Personen erinnern sich daran, dass dies einmal ihr Wunsch gewesen ist. Die Einsicht, dass es wirklich funktioniert, wäre ihnen viel früher gekommen, wenn sie aufrichtig daran geglaubt hätten.

Doch mit genau den zwei Faktoren habt Ihr in Eurer Gesellschaft große Probleme: dem Loslassen und vor allem mit der Geduld!

4

Ihr klammert Euch an gewissen Dingen, Situationen und auch Menschen fest, seid Euch so sicher, dass ohne sie Euer Glück verwehen würde und Euer Leben nur halb soviel Wert ist, wie im Ausgangszustand. Ihr macht Euer Leben an Dingen und Menschen fest, an der Welt im Außen. Wenn ich diesen Menschen an meiner Seite habe, dann werden die Anderen aber schauen und neidisch sein. Ich bitte Dich, ist solch eine Denkweise denn gesund? Fördert sie wirklich Dein Selbstwertgefühl?"

„Nicht wirklich."

„Das sehe ich auch so. Deinen Selbstwert kannst Du nur für Dich alleine im Innern finden. Denn das, was Du bist, macht Dich aus. Nicht eine Person an Deiner Seite. Diese kann sogar neben Dir verblassen und untergehen. Oder Dich dominieren und Du gehst dabei unter. Aber Dein Selbstwertgefühl ist von Dir alleine abhängig, von niemand Anderen! Wir haben bereits darüber gesprochen. Aber Du erkennst, in welchem Zusammenhang alles miteinander steht. Ihr macht Euer Leben so oft an Dingen und Menschen im Außen abhängig, blockiert Euch selbst damit und dann wundert Ihr Euch, dass Ihr nicht voran kommt.

Entledige Dich Deiner Blockaden, Du brauchst sie nicht! Alles, was zu Dir gehört, Deinen Weg erleichtert und Dich weiter voran bringen soll, kommt in Dein Leben. Du kannst es Dir von

Herzen wünschen, dann lass es los und geh weiter. Schaffe Freiraum, damit es zu Dir kommen kann. Aber setze keinen Druck dahinter, lass es einfach fließen und kümmere Dich um Dich. Agiere, lass Dir selbst die Freiheit. Wenn der richtige Zeitpunkt da ist, wird Dein Wunsch Erfüllung. Du wartest nicht darauf, vertraust und bist geduldig. Da ist es wieder, dieses Wort: Geduld."

Ich lache. „Ja ja, Geduld Geduld!"

„Geduldig zu sein, bedeutet Vertrauen in das Leben zu haben, in die Erfüllung der Wünsche und Träume. Wenn Du Deinen Anteil dazu beigetragen hast – das Wohlfühlen und visualisieren – dann vertraue darauf, dass es in Dein Leben kommt. Wenn Du geduldig bist und vertraust, ebnest Du den Weg zu Dir und das Gewünschte kann viel schneller zu Dir kommen. Geduldige Menschen sind in vielen Situationen des Lebens erfolgreich, weil sie eben dem Leben und seinem Fluss vertrauen. Die Geduld ist der Menschen größte Tugend. Aber wer sie erlernt und umsetzt, wer vertraut und seinen Weg weiter geht und nicht wartet, der wird erfolgreich sein und das Gesetz der Resonanz ganz für sich umsetzen. Es sind die einfachen Dinge, die Ihr in Eurer Zivilisation verlernt habt, Euer Leben aber erfolgreich machen und erfüllen. Weil Euer Motor Euch so schnell voran treibt und Ihr mittendrin dafür sorgt, dass er nicht stehen bleibt. Deshalb sind diese wichtigen Kleinigkeiten, die Euer Leben so erleichtern, verloren gegangen. Jetzt ist es an der Zeit, sie zurück zu erobern und umzusetzen. Es ist Eure Zeit und wenn Ihr wieder richtig seht, dann werdet Ihr diese Dinge erkennen und merken, dass das Leben so viel einfacher ist, schöner und wundervoller, als man Euch gelehrt hat und täglich über die Medien verkauft wird.

Lerne für Dich aktiv zu werden, die Augen zu öffnen, Deine Ohren und die Erkenntnisse umzusetzen! Dann wirst Du schnell merken, wie wunderschön und leicht das Leben ist und das Alles seinen Platz darin hat. Du hast Deine Berufung, Bestimmung und alles, was Dich dahin weiter voran bringen soll, wird in Dein Leben kommen, wenn Du den Freiraum dafür schaffst und dem wahren Leben die Hände entgegen streckst. Lass es zu, denn Du hast es verdient! So, wie jeder Andere hier auf Erden. Nicht nur eine kleine Anzahl von Menschen.

5

Hört auf, dem so genannten Glück hinterher zu rennen, Bedingungen und Abhängigkeiten zu schaffen, die Euch blockieren! Sucht das Glück nicht im Außen! Es ist in Eurem Herzen und wartet nur darauf, von Euch entdeckt zu werden. Erlaube Dir, glücklich zu sein! Gestatte Dir, dass alles, was Du verdient hast, in Dein Leben kommen kann!
Hast Du es verdient, glücklich zu sein? …geliebt zu werden? …ein Leben in Fülle zu führen? …die wahre Liebe zu leben?"
Ich atme tief durch. Dann antworte ich ganz klar: „Ja, ich habe es verdient!"
„Warum lässt Du es dann nicht zu?"
„Weil es uns, wie Du schon gesagt hast, nicht gelehrt wurde."
„Deshalb ist jetzt Deine Zeit! Deshalb bin ich zu Dir gekommen. Damit Du diese Erkenntnisse gewinnst und für Dich umsetzt. Du wolltest Dein Leben verändern. Vor ein paar Tagen hast Du damit begonnen und bist erste Schritte auf dem neuen Weg gegangen und hast kleine Erfolge errungen. Jetzt ist es an der Zeit, dem wahren Leben den Weg zu Dir zu ebnen und all das auch zuzulassen, was zu Dir gehört. Du hast es verdient! So, wie jeder andere Mensch hier auf Erden! Egal, welcher ethnischen Gruppe er angehört, ein jeder einzelne Mensch.

Lass das Glück in Dir zu neuem Leben erwachen und trage es hinaus. Du hast in den letzten Tagen hier und da das Glück gespürt, warst eins mit dem großen Ganzen, bist in das Leben eingetaucht. Nun ist es an der Zeit, ganz und gar diesem Leben die Hände zu reichen und endlich zu leben!"
Ich nicke mit dem Kopf und ein leichtes Kribbeln erobert meinen Körper. Meine Augen werden feucht und Nathanael nimmt mich seitlich in den Arm.
„Das, mein Freund, ist der Blick über den Tellerrand. Die unendliche Weite voller Liebe und Glück, Freude und Harmonie. Dem inneren Frieden in Deinem Herzen, der Dich ganz erfüllt. Die Unendlichkeit des Seins, in dem es keine Bedingungen und Abhängigkeiten gibt. Nur die Freiheit in dem großen Ganzen, im Einklang mit der Natur, den anderen Menschen und jenen intensiver, die Deine wahren Freunde sind, oder der Mensch fürs Leben an Deiner Seite. Das ist der Gipfel, von dem sich das Glück fürs Leben ausbreitet. …und es geleitet Dich auf Deinem Weg, hilft Dir, die Herausforderungen und Aufgaben zu meistern, mit anderen Menschen auf der ehrlichen Ebene zu kommunizieren und Deine Ziele zu erreichen. Im Leben der Fülle, Deinem Leben der Fülle."
Er lehnt seinen Kopf gegen meinen und streichelt meine linke Schulter, während vereinzelt Tränen aus meinen Augen laufen.
„Ich bin so dankbar und froh, dass ich Dich getroffen habe und all das erfahren darf! Danke! …danke!", entgegne ich ihm dabei.
Wir sitzen eine ganze Weile so da.
Dann nimmt er seinen Kopf zurück und schaut mich an: „Heute Abend schreibst Du auf einem Blatt Papier all das auf, wo Du meinst, dass Du es verdient hast und in Dein Leben gehört. Wie zum Beispiel: Ich habe es verdient, glücklich zu sein. Ich habe es verdient, die wahre Liebe zu erfahren. …und so weiter. Schreibe es so, als wenn Du es gerade erfährst, im hier und jetzt.

Dieses Blatt Papier legst Du Dir an einen sicheren Ort, damit Du immer wieder einmal draufschauen kannst, um Dir zu verinnerlichen, was Du Dir selbst für Dein Leben erlaubst. Es ist sozusagen Dein Motivationsschreiben, denn es sind Deine Worte und niedergeschriebenen Sätze. Wenn Du einmal eine Herausforderung meistern musst, werden Dir diese Zeilen helfen und Dich stärken. Außerdem ebnest Du Dir selbst den Weg für Dein Leben in Fülle, denn Du manifestierst für Dich, was Du Dir selbst für Dein Leben gestattest und zulässt. Es hilft Dir in zweierlei Hinsicht und lässt Dich zum Dritten auch erkennen, wie wertvoll Du Dir selbst bist. Das stärkt nebenbei auch Dein Selbstbewusstsein und Selbstwertgefühl. Gehe damit sorgsam und demütig um und danke für all das Eingetroffene. Dann bleibst Du im Fluss des Lebens und schreitest weiter voran, fällst nicht zurück. Das ist Dein Motivations- und Energieschub für Dich und Dein Leben. Ich weiß, dass Du auf dem richtigen Weg bist und bereit, die richtige Reise daheim in der Großstadt zu beginnen und zu meistern."

Wir verabschieden uns mit einer herzlichen Umarmung und während er geht, bleibe ich noch eine kleine Weile sitzen und lasse die Erkenntnisse des Tages sacken.

6

Am Abend im Hotelzimmer nehme ich mir ein Blatt Papier zur Hand, setze mich ans Fenster und beginne meine Motivationsliste aufzuschreiben. Am Anfang fällt es mir etwas schwer. Wir haben es ja nie gelernt, so zu denken und zu handeln. Aber mit der Zeit fällt diese Schwere von mir ab und der Zettel füllt sich mehr und mehr…

Ich habe es verdient, gesund zu sein.

Ich habe es verdient, geliebt zu werden.

Ich habe es verdient, ein erfülltes Leben zu führen.
Ich habe es verdient, glücklich zu sein.
...

Es macht richtig Spaß, sich selbst das alles zu erlauben und zu zugestehen. Es ist ein großartiges Gefühl. Nach all den Erkenntnissen, die meinen Horizont erweitert haben, beflügeln diese Sätze nun mein Gemüt. Natürlich nicht so, dass ich den Boden unter den Füßen verlieren würde. Aber sie schenken eine neuartige Leichtigkeit und das ist wunderbar!

Ich lege danach das Blatt Papier in meine kleine Klemmmappe und verstaue sie sorgfältig in meiner Tasche. *Damit ich sie auch nicht vergesse oder gar verliere!*

Der Abendhimmel zieht sich etwas zu und ich beschließe, heute einmal früher ins Bett zu gehen. Die musikalische Übung noch und dann bin ich bereit für die Nacht...

IX.

1

Ich habe unruhig geschlafen, mich hin und her gewälzt. Nun sitze ich im Bett und schaue durch das geschlossene Fenster nach draußen. Es ist immer noch bedeckt und ich mag nicht so richtig das kuschelige Bett verlassen. Also sitze ich da und schaue hinaus. Ganz still in mir und erstmal gedankenleer.
Es ist schon verrückt, von welchen Bedingungen und Abhängigkeiten wir unser Leben und vor allem das Glück fest machen. Wir klammern uns an irgendwelche Dinge und Menschen und idealisieren sie als Grundlage für unsere Glückseeligkeit. Wir bürden damit dem Anderen eine riesige Verantwortung auf, stellen hohe Erwartungen und wenn sie nicht erfüllt werden, fallen wir in tiefe Löcher. Es ist so verrückt wie auch einfach, dass wenn wir alles loslassen würden, auf einmal dem Glück in uns eine riesige Entfaltungsmöglichkeit geben und unserem Leben die Chance, sich in seiner ganzen Schönheit und Vielfalt zu offenbaren. Was tun wir uns selbst eigentlich an?
Ich sitze weiterhin da und schaue hinaus.
Ich sollte mir selbst die Chance geben und all diese Begehrlichkeiten loslassen und mich von den Abhängigkeiten befreien! Vor allem sollte ich mich in Geduld üben. Etwas, womit wir uns immer wieder schwer tun. Wir wollen es am Bestens gleich jetzt, besser schon gestern. Ich nehme mich da nicht aus. Aber es ist doch viel besser, die Dinge in Ruhe angehen zu lassen. So wie er sagte, es kommt dann oftmals viel schneller, als wir es glaubten. Ein jeder von uns hatte diese Situation schon mal: Man hat sich etwas gewünscht und dann gar nicht mehr darüber nachgedacht. Gar nicht allzu lange Zeit später kam es

plötzlich in unser Leben und wir waren angenehm überrascht, auch voll tiefer Freude und Glück. Warum können wir es also nicht immer so halten? – Ich werde mich darin üben und damit weitere Bedingungen, die ich mir für das so genannte Glück erschaffen habe, aus meinem Leben verbannen. Allein der Gedanke daran beschert mir ein wohliges Bauchgefühl. Es ist der richtige Weg und ja, ich weiß es auch!
Ich stehe auf und öffne das Fenster. Trotz der Wolken am Himmel ist es dennoch angenehm warm. *Ich sollte mich fertig machen und ein Runde am Strand spazieren gehen! Zeit wird es!* ...und Hunger habe ich auch.

2

Am ortseigenen Strand war es mir zu voll. Deshalb sitze ich auf dem Fahrrad und radle ein Stück weg, Ich habe mir einen ruhigen Strand gewünscht, an dem ich spazieren und nachdenken kann. Rein intuitiv biege ich ab, stelle mein Fahrrad an eine alte Linde, mache es fest und spaziere auf dem Weg zwischen den Dünen zum Strand. Hier sind nur wenige Menschen unterwegs, so dass ich wirklich Ruhe habe. *Sei vorsichtig, was Du Dir wünschst! Es wird in Erfüllung gehen.* Ein breites Grinsen fährt mir über die Lippen. *So schnell und einfach können Wünsche in Erfüllung gehen. Da habe ich ja auch das Vertrauen, dass es ermöglicht wird. Also, warum nicht ebenso bei den anderen Wünschen?!*
Ich genieße die Seeluft und den seichten Wind, spaziere den Strand entlang und erblicke einen Findling dicht am Wasser. Ich klettre hinauf, mache es mir so gut es geht bequem und schaue auf die Ostsee. Nach einem kurzen Augenblick kommt dieses wohlig warme Gefühl in mir zum Vorschein und erfüllt mich voll und ganz. Ich spüre die Energie und das Empfinden,

eins mit meiner Umgebung zu sein. Die Ruhe des Wassers schenkt mir den inneren Frieden und die Harmonie, die ich vor über einer Woche noch nicht kannte. …und doch lebt in mir der Wunsch, dass es immer so bleiben möge. Dass ich den Weg weitergehen werde, um diesen Frieden in mir am Leben zu erhalten und auszubauen.

Ich habe so viel erfahren dürfen, erkannt in den letzten Tagen und mich weit voran gebracht. Weiter, als ich bis dato jemals geglaubt hätte. Doch sollte ich das alles nur für mich behalten, für meinen Werdegang allein nutzen? Das wäre doch vermessen und egozentrisch! Doch was soll ich tun, wenn ich wieder in der Großstadt bin? Wie in biblischen Zeiten mich auf der Straße hinstellen und den Menschen von dieser Geschichte erzählen? Oder sollte ich in meinen alten Job zurück gehen und die Erkenntnisse dort anwenden, um wenigstens ein paar Dinge zu verändern? – Oh nein! Beim letzteren Gedanken verkrampft sich mein Bauch. Das fällt schon mal weg. Wie gebe ich es also weiter?

Ich versuche mich von dieser Enge zu befreien und durch die Weite der See inspirieren zu lassen, damit ich mir keine Mauern in die Gedankenwege baue. *Es wird zur richtigen Zeit die Erkenntnis dafür kommen. Kein Zwang oder Druck, einfach fließen lassen!*

So sitze ich eine Weile und schaue auf die Ostsee und bemerke gar nicht, wenn hier und da andere Strandspaziergänger an mir vorbei gehen. Diese Leichtigkeit und gewisse Leere schenkt ein gutes und wohliges Gefühl. *Wir machen uns über zu viele Sachen viel zu viele Gedanken. Oftmals auch über Banalitäten, die sich häufig von selbst lösen. Einfach dem Fluss des Lebens vertrauen. In unserer Gesellschaft wurde uns oft Kontrollwahn vorgelebt und was noch viel schlimmer ist, wir haben alle seine Grundstrukturen übernommen. Wir wollen alles lenken und steuern, über jede Situation informiert sein, auch wenn sie uns gar nichts angeht. Dieser krankhafte Kontrollwahn ist doch wie eine Sucht. ...und welcher Süchtige gibt sein Leiden schon gerne zu? Die Erkenntnis, dass es so ist, ist die eine Sache, aber der Weg der Veränderung ist die Herausforderung, der wir uns stellen müssen. Ich nehme mich da nicht aus. Jedes Mal, wenn ich die Wohnung verlasse, kontrolliere ich dreimal, ob alle Stecker herausgezogen sind, die Wasserhähne geschlossen und Fenster und Balkontür zu sind, oder die Kerzen aus. Das, obwohl ich im Sommer kaum eine in der Wohnung anzünde. Dank der medialen Welt unserer Smartphones bin ich jetzt in der Lage, von den besagten Objekten Fotos zu machen und sie mir anzusehen, wenn ich zu zweifeln beginne. Na, wenn das nicht eine krankhafte Sucht ist, ich weiß ja nicht?! Dieser gilt es, sich zu stellen und sie endgültig aus meinem Leben zu verbannen. Vertrauen zu sich selbst zu haben, ist doch das Wichtigste auf unserem Weg! Ich werde daheim gleich damit beginnen. Dabei fällt mir auf, dass ich bisher mein Handy jeden Tag auf dem Zimmer in der Tasche liegen gelassen habe. ...und ich habe es nicht einmal vermisst. Ich muss nicht stets erreichbar sein. Denn die Zeit mit mir ist mir sehr kostbar geworden. ...und wenn ein Mensch kommt und sie mit mir teilt, wird sie umso kostbarer. Wozu braucht man dabei ein Handy?*

Ein zufriedenes Lächeln ziert mein Gesicht und spiegelt den inneren Gemütszustand nach außen. Ich fühle mich wohl und bin entschlossen, diesem Weg treu zu bleiben und auch diese Unannehmlichkeit der Kontrolle abzulegen. *Ich weiß, dass ich es schaffen werde!*

3

Mein Blick gleitet über das Wasser zum Horizont und ich sehe

erste Sonnenstrahlen, die die Wolken durchbrechen und zarte Leuchtspuren in der Luft hinterlassen. Dann reißt der Himmel über dem Wasser auf und die Strahlen werden stärker. Man sagt auch dazu, dass die Sonne Wasser zieht. Das silberne Glitzern auf der Oberfläche verleiht dem Schauspiel ein faszinierendes Bild. *Man sagt hier oben an der Küste, dass sich das Wetter entweder am frühen Mittag oder Nachmittag ändern kann. Dann ist dieses Naturereignis wohl ein gutes Zeichen?!*
„Nicht nur für den Tag, auch für Dich!"
Ich drehe mich zur Seite und ja, da steht Nathanael. Ich habe ihn mal wieder nicht mitbekommen, war viel zu sehr mit mir selbst beschäftigt.
„Schön Dich zu sehen!" Ich will vom Stein klettern, aber er deutet mir, dass ich sitzen bleiben soll.
Er lehnt sich an den Stein: „Es ist auch ein Zeichen für Dich. Deine Schleier vor den Augen und Deinem Instinkt werden nun gänzlich aufgelöst. Höre in Dich hinein und Du wirst erkennen, was Du wirklich willst, wohin Deine Reise gehen soll."
Ich gehe in mich und eine Art Vision ist zu erkennen. „Es ist wie eine Erscheinung, Vision… Ich kann es nicht benennen."
„Es ist Dein Herz, das zu Dir spricht, Dein Instinkt. Möchtest Du mich daran Teil haben lassen?"
Ich grinse. *Er kann doch sowieso meine Gedanken lesen.* Aber dann antworte ich: „Sehr gern! Ich sollte, nein, ich werde diese Reise mit Dir aufschreiben. Damit so viele Menschen wie möglich an diesen Erkenntnissen Anteil nehmen können. …und natürlich die gleiche Chance wie ich bekommen, ihren Weg und damit ihr Leben zu verändern. Zusätzlich werde ich in kleinen Runden meine Erfahrungen weitergeben und den Teilnehmern ebenfalls den Blick über den Tellerrand ermöglichen. Deute ich das richtig?"
Nathanael nickt. „Genau das ist Deine Bestimmung. Du kannst

Gedanken wunderbar in Worte fassen und Deine Mitmenschen damit an die Hand nehmen, ihr Innerstes berühren. Deshalb ist der Weg mit dem Niederschreiben Deiner Erfahrungen genau der Richtige. Gestalte es zu einem Buch und bleibe authentisch und ehrlich. Dann wirst Du unglaublich viele Menschen damit erreichen. In Seminaren kannst Du Deine Mitmenschen direkt an die Hand nehmen, sie aufklären und den Weg zu einem neuen und besseren Leben eröffnen. Das ist nicht nur eine wundervolle Aufgabe, sie trägt auch eine hohe Verantwortung. Denn diese Menschen sind auf der Suche und für jedes Zeichen und jede Botschaft, die ihre Nebel um sie herum auflösen, dankbar. Du agierst wie ein Botschafter für all die verloren gegangenen Werte und zeigst ihnen Wege auf, wie sie diese Werte wieder zurück erlangen können. Das, was Du selbst die Tage hier erlebt hast, kannst Du dann an sie weitergeben. Du gibst ihnen die Zeichen und Botschaften, eröffnest die Möglichkeiten, so wie ich es bei Dir tat. Sei dankbar dafür und gehe demütig damit um, dann wirst Du Deine Bestimmung leben können und sie wird Dich nähren und dafür sorgen, dass es Dir fortwährend gut geht. Achte auf solche Zeichen und inneren Botschaften, denn sie lenken und leiten Dich. Geben Dir Hinweise und Antworten und ermöglichen Dir einen weiträumigen Blick. Zeichen können hier und da Kleinigkeiten am Wegesrand sein. Botschaften, was Du selbst empfindest, so wie heute, oder was man Dir zuträgt. Achte gut darauf, dann wirst Du im Fluss des Lebens sicher und behütet voran kommen. Du hast Dich über die Tage dafür sensibilisiert. Nun liegt Deine Aufgabe darin, diese Sensibilität aufrecht zu erhalten und für Dich zu nutzen. Deinen Mitmenschen dieses Feingefühl näher zu bringen und zu zeigen, dass es keine Schwäche oder mimosenhaftes Verhalten ist, sondern eine wundervolle Gabe.
Ihr solltet im Umgang miteinander sowieso viel feinfühliger und

einfühlsamer sein. Dann würdet Ihr viele Probleme und Missverständnisse im Vorfeld aus dem Weg schaffen. Vorurteile abbauen und mit offenem Herzen aufeinander zugehen. Aber Eure Gesellschaft hat über die Jahre solche Begabungen als Schwäche deklariert und solche Menschen für weich und Schwächlinge abgestempelt. Ein fataler Fehler, denn diese Menschen sind in der Lage, anderen zu helfen und ihnen Wege zu eröffnen. Was man von Eurer Gesellschaft nur sehr selten erfahren kann. In ihr ist am Ende doch jeder auf sich gestellt, alleine. Genau in diesem Augenblick suchen sie nach Zeichen und Botschaften. Aber Eure Gesellschaft bietet sie nur wenigen Menschen. Die große Masse irrt noch immer herum und weiß nicht, wohin der Weg gehen soll. So, wie es am Anfang auch bei Dir war."
Ich nicke bestätigend. „Bis zu dem Tag, als ich Dich traf und mich auf diese Reise eingelassen habe. Wofür ich Dir und mir und dem Leben sehr dankbar bin!"

4

„Du kennst nun Deine Bestimmung, hast sie aus Deinem Herzen vernommen. Kennst Deine Begabung und kannst sie für Deine Bestimmung einsetzen. Die ersten Ziele zeichnen sich ab und wenn Du sie erreicht hast, kommen neue zum Vorschein. Das Leben wird dafür sorgen, dass alles, was Du auf diesem Weg benötigst, zu Dir kommt und Dich weiter voran bringt.
Ihr Menschen müsst wieder lernen, in Euch hinein zu hören. Dann erkennt Ihr Eure Bestimmungen und Eure Gaben, die Euch in Eurem Leben mitgegeben wurden. Lernt bei Euch zu sein, vertraut Eurem Instinkt und habt den Mut, loszugehen und Eure Träume umzusetzen! Es ist ganz gleich, wie jung oder alt Ihr seid. Wichtig ist, dass Ihr endlich beginnt und Euren

Weg geht! Denn niemand Anderes kann und wird es für Euch tun. All die Antworten auf Eure Fragen, alle Möglichkeiten für Euren Weg, liegen in Eurem Inneren. Ihr müsst Euch nur die Zeit dafür nehmen und auf Euer Herz hören. Auf Eure Intuition. Denn sie lässt Euch niemals im Stich. Brecht die anerzogenen Strukturen auf, verlasst den ewigen Kreislauf, der Euch immer wieder an die gleiche Ausgangssituation bringt! Dann seid Ihr in der Lage, Euer Leben endlich zu leben und ganz nach Euren Begabungen zu arbeiten und Euch zu entfalten. Nicht jeder hat die gleichen, denn ein jeder Mensch ist ein ganz spezielles Individuum mit besonderen Talenten und Begabungen. Aber im großen Ganzen bildet Ihr eine Einheit, weil Ihr Euch ergänzt und die geglaubten Lücken auffüllt.

Entledigt Euch Eurer alten Strukturen, brecht sie auf und dann lasst sie hinter Euch. Warum müssen erst Naturkatastrophen passieren, dass Ihr Menschen wieder enger zusammenrückt? Jene, die als gefürchtet dienen, sind die ersten, die mit anpacken und helfen. Wenn alles überstanden ist, sind sie wieder die Gefürchteten. Warum geht Ihr danach in Eure alten Strukturen und Muster zurück und lernt nicht aus dem Erlebten? Eine größere Botschaft oder Zeichen kann Euch die Erde nicht geben. Deshalb fällt es mir schwer, Eure Verhaltensweisen nachzuvollziehen. Erst Feind, dann Helfer in der Not und Freund zugleich, später wieder der gefürchtete Feind. Welche Logik steckt dahinter? Ihr erkennt, rauft Euch zusammen und meistert die schwere Prüfung gemeinsam. Danach gehen alle wieder Ihrer Wege und verhalten sich so, als wäre nie etwas passiert. Diese Strukturen findest Du auf allen Ebenen Eurer Gesellschaft. Was bedeutet, dass es eine anerzogene Krankheit ist, die von Eurer Gesellschaft begünstigt wird. Eine angenehme Überraschung und Wandlung wird kurzerhand ins alte Schema zurückgeführt. Ihr müsst die Botschaften und Zeichen annehmen, auf Euch wirken lassen und Euer Denken verändern. Dann wird ein jeder Einzelne seinen Weg beginnen und damit die Masse mit beeinflussen. So, wie Du es mit Deinen Seminaren machen wirst. ...und den Anreiz dazu mit dem Buch gibst.

Deine Begabung und Bestimmung ist nun klar. Jetzt achte auf die Zeichen und Botschaften, die Dir gegeben werden. Höre auf Dein Herz und entscheide mit Deinem Bauch! Lass Dich auch mal vom Fluss des Lebens führen und treiben. Er bringt Dich an Dein Ziel, wenn Du fest daran glaubst und vertraust. Gehe nun die ersten Schritte auf dem Weg mit dem Buch und es wird sich alles finden, damit die niedergeschriebenen Worte an die Menschen gelangen, die nach Hilfe und Richtungen suchen, um ihr Leben zu verändern."

„Das werde ich tun!" Nun steige ich doch vom Findling runter und wir umarmen uns.

„Doch ich habe noch eine Frage."

„Stelle sie bitte!" – „Wie genau können diese Zeichen und Botschaften aussehen? Damit ich sie richtig erkenne und deute."

„Zeichen und Botschaften können auf vielfältige Weise daher kommen und Du solltest weitsichtig und offen für sie sein. Dann erkennst Du sie auch. Zeichen können zum Einen Dinge sein, die auf Deinem Weg liegen und niemand Anderes außer Du erkennt sie. Oder etwas, was Dir in die Hände oder zu Füßen fällt. Diese Zeichen beziehen sich meist auf eine bestimmte Sache oder Begebenheit in Deinem Leben. Es können weiterhin Plakate sein, die Dich an etwas erinnern, sowie auch Flyer und Prospekte. Diese Zeichen bringen bereits Vergessenes wieder ans Licht.

In einem Gespräch fällt ein Argument oder Aspekt, der Dich wieder an etwas Wichtiges erinnert, das Du bis dato verdrängt hattest. Oftmals geschieht das durch Euren hektischen Alltag, in dem Ihr Euch bewegt. Diese Zeichen widerum kann man auch schon als Botschaften bezeichnen. Menschen kommen in Dein Leben, eröffnen Dir einen neuen Weg, bringen Erkenntnisse, die Du vorher so noch nie gesehen hattest. Sie motivieren Dich, Dein Leben zu Deinen Gunsten zu verändern, ohne Dich dabei manipulieren zu wollen. Botschaften können auch Briefsendungen sein, kleine Geschenke, wichtige Nachrichten in Eurer medialen Welt. Sie sind manchmal sehr vielschichtig und mit der gewissen Feinfühligkeit ziehst Du Dir das Wichtigste aus Ihnen heraus. Das waren ein paar Beispiele, was Zeichen oder Botschaften in Deinem Leben sein können. Wie bereits gesagt, bleibe weitsichtig, offen und feinfühlig! Dann wirst Du die Zeichen und Botschaften erkennen und für Dich zu nutzen wissen.

Bevor ich nun gehe, möchte ich Dich noch an Deine Wünsche und Träume erinnern. Dieser Weg, den Du gerade gehst, bringt Dir die Erfüllung dieser Wünsche. Also bleibe ihm weiterhin treu und so diszipliniert, wie Du bisher warst. Um Dir Deine Wünsche und Träume besser zu visualisieren, kaufe dir ein kleines Buch mit leeren Seiten und mache daraus Dein Wunschbuch. Schreibe Deine Ziele, Wünsche und Träume dort hinein, klebe Fotos dazu. Über den Text Deiner Ziele und Wünsche schreibst Du die Worte: ‚Ich bin so froh und dankbar, weil…'. Schreibe sie so auf, als wenn sie schon ein Bestandteil Deiner Realität sind, Deines Lebens. Dann manifestierst Du sie richtig. Denn wenn Du sie in der Zukunft schreibst, wirst Du sie immer in der Zukunft manifestieren und sie können damit keine Realität werden. Deshalb achte auf die richtige Zeitform und Formulierung! Im hier und jetzt und so, als wenn sie bereits Realität sind.

Wenn Du auf Deinem Weg kurz rastest und innehältst, dann kannst Du Dir Deine Wünsche mit diesem Buch vor Augen halten und schauen, ob die Richtung dorthin die Richtige ist. …und mit der Zeit wirst Du hier und da einen ersten Haken hinter machen, weil dieser Wunsch Realität wurde und Dein Leben bereichert. Das ist nicht nur zusätzliche Motivation, sondern erfüllt Dich auch mit Stolz und tiefer Dankbarkeit, weil es nun ein Teil Deines Lebens ist. Du kannst alles Mögliche erreichen, wenn Du nur fest daran glaubst, überzeugt bist und dem Leben vertraust. Du wirst sehr schnell erkennen, wie gut es funktioniert!"

Ich nicke betätigend. „Die ersten kleinen Wünsche sind bereits Realität geworden. ...und ich freue mich auf all das Andere, was noch kommen wird! Ich werde dieses Buch anlegen und meine Träume und Wünsche dort eintragen und mit Bildern verdeutlichen. Ich danke Dir dafür!"

„Es war heute ein recht kurzes Treffen. Morgen sehen wir uns an unserem alten Platz wieder und werden noch einmal tief hinein gehen, wichtige Themen anschneiden und beleuchten."

„Ich freue mich schon darauf!"

Er lächelt, gibt mir die linke Hand und wünscht einen schönen restlichen Tag. Was ich gern erwidere und dann geht er den Weg zwischen den Dünen entlang und verschwindet. Ich schaue nach unten und sehe eine weiße Feder zu meinen Füßen, die mir vorhin überhaupt nicht aufgefallen ist. Ich bücke mich und nehme sie in die linke Hand. *Das deute ich mal als ein Zeichen, so weiß und rein, wie sie ist. ...und ich nehme es gern an.*

5

Ich lehnte mich an den Stein, betrachtete die Feder und die See, bevor mich das Hungergefühl zum Aufbruch animierte. Auf dem Weg ins Hotel machte ich hier und da Halt und fand schließlich das richtige Büchlein für mich.

Nun bin ich wieder in meinem Hotelzimmer und lege mir Zettel, das Büchlein und einen Stift in die Tasche, damit ich am Strand mit dem Wunschbuch und den ersten Aufzeichnungen der Tage beginnen kann. Motiviert und voller Energie verlasse ich mein Zimmer und das Hotel. Seitlich am Strand finde ich ein ruhiges Plätzchen und breite meine Decke aus und richte mich für meine Schreibarbeiten ein. Ich beginne mit dem Wunschbuch und dem Text. Wie Nathanael sagte, schreibe ich über den Text: „Ich bin so froh und dankbar, weil…" Schnell versinke ich in das Aufschreiben meiner Wünsche und Träume und fülle die ersten Seiten des kleinen Buches. In mir steigt Freude und das wohlige Bauchgefühl auf und erfüllen mich ganz. Was mir zeigt, dass ich vom Herzen aus agiere. *So würde es jedenfalls Nathanael begründen.*

Die Zeit verrinnt und nachdem ich mit dem Text fertig bin, widme ich mich sofort den Aufzeichnungen über unsere Gespräche und Erkenntnisse. Die Bilder kann ich die kommenden Tage einkleben. Zu Hause in der Großstadt dann weiter ausbauen. Erste Skizzen und Notizen entstehen auf den Zetteln, wobei ich versuche, systematisch vorzugehen. Der erste Tag mit dem Kennen lernen und was darauf folgte. Es bereitet mir Freude und Spaß und ich erkenne, welchen Weg ich bereits mit ihm zurück gelegt habe. *Es ist enorm und großartig zugleich. Eine ganz besondere Reise, für die ich meinem Leben und vor allem Nathanael sehr dankbar bin!*

Die Dämmerung beendet die Schreibarbeiten am Strand und nach dem Abendessen schreibe ich in meinem Zimmer weiter. Bis tief in die Nacht hinein.

X.

1

Als die Morgendämmerung einsetzte, übermannte mich die Müdigkeit und zwang mich ins Bett zu gehen. Aber ich fühlte mich großartig und voller Freude, etwas Großes und Wichtiges geschaffen zu haben.

Jetzt sitze ich auf dem Bett und muss erkennen, dass die Zeit für das Spätaufsteherfrühstück seit zwanzig Minuten vorüber ist. Dennoch sind die Freude und das Gefühl von gestern Abend und heute früh präsent. Sie bescheren mir eine innere Leichtigkeit. So, als hätte ich eine große Aufgabe gemeistert und könnte stolz darauf sein. ...*und das bin ich auch.*

Somit lege ich nach der Morgentoilette Frühstück und Mittag zusammen und lass es mir in einem Restaurant an der Hauptstraße gut gehen. *Man sollte sich ab und an auch etwas gönnen und für die geleistete Arbeit belohnen! Nun ist der Zeitpunkt dafür da und ich genieße es...*

Auf dem Rückweg ins Hotel habe ich noch ein dickes Ringbuch gekauft, damit die Aufzeichnungen über die Tage nicht verloren gehen. Auch besser für den Aufbau und den Stichpunkten zu den einzelnen Tagen. Gut in der Tasche im Zimmer verstaut, lege ich mich noch einmal aufs Bett und schaue an die Decke.

Es ist unglaublich, wie viel in den letzten neun Tagen passiert ist! Vorher war ich im Tal und wollte einfach nur meine Ruhe haben, zu mir finden. Ich dachte, einmal von dem ganzen Stress abzuschalten und ein bisschen die Seele baumeln zu lassen, würde mein Leben verändern. Mich wieder aus dem Tal herausholen. Sicherlich hätte ich wieder mehr Kraft gehabt und mir hier und da Gedanken über die Zukunft gemacht. Aber diese Erkenntnisse und neuen Sichtweisen wären mir vorent-

halten geblieben. Durch Nathanael habe ich sie gewonnen und mein Leben hier und da verändert. ...und es ist ja erst noch der Anfang. Es gibt noch so viel zu tun! Mich von einigen Dingen und gewiss auch Menschen verabschieden, dir mir persönlich nicht wirklich gut getan haben. Aber diese alte Moral hat die Verbindung aufrecht erhalten. Doch wofür? Wenn nur eine Person der Nutznießer ist und die andere immer der gebende Teil. Freundschaft und Liebe sind ein Geben und Nehmen. Im Grunde trifft es doch für alle Bereiche des Lebens zu. ...und was mir nicht gut tut, wird aus meinem Leben verbannt. Es ist an der Zeit aufzuräumen, wenn ich wieder zu Hause bin! Jetzt ist es aber an der Zeit, zu unserem Sonnenplatz der Erkenntnis zu fahren. Denn ich möchte diese Reise weiterführen und auch diese Erkenntnisse gewinnen dürfen!

Ich stehe auf, mache mich kurz frisch und verlasse mein Zimmer. Auf dem Weg habe ich heute Rückenwind und werde voran getrieben. *Ein Zeichen dafür, dass ich etwas spät dran bin und mich beeilen soll.* Ich trete einmal mehr in die Pedale und nutze die günstige Windsituation.

2

Als ich an der Wiese ankomme, sehe ich Nathanael bereits auf der Bank sitzen. Ich bemerke wieder das starke Leuchten um ihn herum. Es sieht so aus, als wenn ein Licht sein Äußeres umgarnen würde. So, wie am ersten Tag, als wir uns trafen. *Wer auch immer er ist, er ist jedenfalls etwas Besonderes. Er redet jedes Mal von ‚Euch Menschen' und sagt ‚Ihr', ‚Euer' und so weiter. Andererseits würde ich schon gern wissen, wer er wirklich ist!?*

Ich gehe zu ihm und er steht auf und begrüßt mich: „Hallo mein Freund! Schön, dass Du da bist!" Dann umarmt er mich.

„Ich hoffe, ich bin nicht zu spät?" – „Keinesfalls, es ist alles in Ordnung!"

Ich bin beruhigt und setze mich mit ihm auf die Bank.

„Du hast den restlichen Tag gestern gut genutzt?"

„Oh ja, ich habe mir viele Notizen gemacht und vorher noch den Text meines Wunschbuches geschrieben. Die kommenden Tage wird es noch mit Bildern vervollständigt."

„Sehr schön, das gefällt mir!"

Eine innere Zufriedenheit erfüllt mich und macht mich zugleich stolz. „Als Du gestern gegangen bist, lag zu meinen Füßen eine wunderschöne weiße Feder. Ich kann mich nicht daran erinnern, dass ich sie vorher gesehen habe. Ich bin mir sicher, dass sie ein Zeichen ist. Doch was bedeutet sie?"

Nathanael lächelt liebevoll. „Sie zeigt Dir, dass Du behütet bist und etwas Besonderes in Deinem Leben geschehen wird."

„Aha... Na, ich bin gespannt und bereit dafür! Was immer kommen mag."

„Auch für unsere heutigen Erkenntnisse?"

„Ja, absolut! Bin schon sehr neugierig." Dabei fährt mir ein breites Grinsen ins Gesicht.

„Gut, dann gehen wir heute wieder tiefer und erweitern Deinen Horizont noch etwas mehr: Schaue Dir Deine Hände, Beine, Deinen ganzen Körper genau an. Was siehst Du?"

Was? Wie jetzt? Er sagt doch, was ich sehe. Ich schaue ihn fragend an. Er deutet nur auf meine Gliedmaßen. Ich folge seiner Aufforderung. „Ich sehe Hände, Finger, Füße, Zehen, Haut und ein paar Härchen."

„Genauer! Gehe tiefer!" – „Was meinst Du mit tiefer?"

„Aus was besteht Deine Haut?" Er lächelt mich an.

„Ach, jetzt weiß ich, worauf Du hinaus willst!" – „Na dann, beschreib es mir bitte!"

„Meine Haut besteht aus Zellen, mit Zellkern, Zellplasma und

Zellwänden." – „Tiefer, genauer!"

„Diese wiederum bestehen aus Molekülen und genauer aus Atomen. Alles besteht aus Atomen, die durch Verbindungen zueinander zu Molekülen werden. Unser Wasser, unsere Erde und alles, was auf ihr wächst und sich fortbewegt. Ist das genau genug? Denn anders haben wir es nicht gelernt. Jedenfalls kann ich mich an keine andere Erklärung erinnern."

„Das mag sein. Dennoch geht es tiefer. Denn die Grundlage für all das, was Du beschrieben hast, ist die Energie. Alles um Dich herum und in Dir besteht aus Energie. Sie ist die Grundlage allen Lebens, aller Existenz. Bis ins Entfernteste Universum. Ein jedes Lebewesen auf der Erde ist ein Energiefeld, welches sich in einem großen Energiefeld bewegt. Es gibt kein in Dir drinnen und da draußen, denn alles ist Energie. Genauso, wie Licht Energie ist und alle Lebewesen am Leben erhält. Wie sich Licht fortbewegt, habt Ihr aber in der Schule gelernt?!"

„Ja, in Wellenform. Jetzt würde ich nicht Lichtwellen sondern Energiewellen sagen."

„Das ist richtig. Energie bewegt sich Wellenförmig, man kann auch Schwingungen dazu sagen. Doch Du fragst Dich sicherlich: Worauf will er hinaus?"

Dabei schaut er mich fragend an und ich nicke grinsend. *Er hat mich wieder einmal ertappt.*

„Wenn ich vorhin gesagt habe, es gibt kein in Dir drinnen und da draußen, dann hat es folgenden Grund: Alles ist Energie und steht miteinander in Verbindung. Das bedeutet, dass Du nicht ein einzelnes Energiefeld bist, sondern mit dem Energiefeld Deiner Umgebung in Verbindung stehst. Das beste Beispiel ist, wenn eine Person auf Dich zukommt und sie Dir sympathisch erscheint, gehen Eure Energiefelder in harmonische Schwingungen zueinander. Ihr sagt auch, dass Ihr einen Draht zueinander habt, oder die Chemie zwischen Euch stimmt. Es bedeutet nichts anderes, als dass Eure Energiefelder harmonieren. Bei Menschen, die Dir unsympathisch sind, ist genau das Entgegengesetzte der Fall. Zwischen Euren Energiefeldern ist eine Disharmonie und Du möchtest diese Person am Liebsten so schnell wie möglich von hinten sehen. Als Übertragungsfeld zwischen Euren Energiefeldern dient die Energie, die Euch umgibt. Deshalb steht alles miteinander in Verbindung. Wenn Du in großen Menschenmassen unterwegs bist, reagierst Du auf harmonisch schwingende Menschen. Die anderen erscheinen Dir eher neutral, was im Grunde genommen aber nicht so ist. Stark harmonisch schwingende Menschen erwecken in der Masse die Aufmerksamkeit. Für die anderen Energien bist Du in dem Augenblick nicht feinfühlig genug, was auch ein Schutzmechanismus von Dir ist. Ansonsten würdest Du bei einigen Mitmenschen Schauergefühle haben. Aber stark disharmonische Menschen lösen die gleiche Reaktion aus und bewegen Dich zu einer größeren Distanz zu ihnen. Folge in dem Augenblick Deiner Intuition und schaffe jenen größeren Raum zwischen Euch. Dann bleibst Du ganz bei Dir."

„Aber was mache ich, wenn ich mit einer unsympathischen Person dennoch einen gewissen Kontakt habe, sei es zum Beispiel ein Gespräch?"

„Du kannst ganz bei Dir bleiben und Deine Harmonie schützen, in dem Du Deine Aura, das Energiefeld um Dich herum, stärkst und Dir vorstellst, es wäre wie eine Säule aus Licht um Dich. Das kannst Du trainieren und visualisieren, auch mit offenen Augen. Wenn Du diese Schutzhülle um Dich herum aufbaust, kann die Energie der anderen Person nicht zu Dir dringen. Du hast eine gesunde Distanz und schützt Dein Energiefeld."

„Das werde ich einmal probieren und im richtigen Augenblick anwenden."

„Du weißt nun, dass die Grundlage allen Lebens und aller Existenz die Energie ist. Sie ist der Ursprung, war immer schon vorhanden und auch der Auslöser des Urknalls, aus dem das Universum entstand. Ihre Schwingungen sind Vermittler zwischen den Lebewesen, Träger von Gedanken. Denn ein jeder Gedanke in Deinem Gehirn erzeugt eine Schwingung, die vom Energiefeld hinaus getragen wird. Wenn Du darauf vertraust, dass er in Erfüllung geht, bist Du bereit, die andere Schwingung zu empfangen und das Gewünschte in Dein Leben zu lassen. Nun erkennst Du die Zusammenhänge der Kommunikation, egal auf welcher Ebene sie stattfindet. Die Energie spielt dabei eine entscheidende Rolle. Sie ist die Vermittlerin zwischen allen Lebewesen auf der Erde."

3

„Das lässt Vieles verstehen und erklärt manche Mysterien."
„Doch ich möchte noch tiefer gehen und frage Dich: Glaubst Du an Gott oder anderen Himmelswesen?"
„Das ist eine gute Frage und ich glaube, ich verhalte mich da wie viele andere Menschen auch. In schwierigen Situationen des Lebens bitten wir Gott um Hilfe, sei es zum Beispiel vor einer Operation, dass wir wieder aufwachen, oder andere Begebenheiten. Wenn alles überstanden ist, dann ist dieser Glaube in Form einer Bitte wieder vergessen. Gewiss ist man im ersten Moment dankbar, dass alles gut verlaufen ist. Aber dann fallen wir schnell wieder in unseren alten Trott. So habe ich mich bisher auch verhalten.
Gut, es gab früher Augenblicke, da ging ich in die Kirche, um mit ihm zu reden. Um um gewisse Zeichen zu bitten, oder dass dieser oder jener Wunsch in Erfüllung gehen möge. Aber ich muss gestehen, dass es in letzter Zeit ganz selten, oder gar nicht mehr geschehen ist. Aber richtig gläubig bin ich nicht. Weder

getauft, noch konfirmiert. Ich sehe auch nicht wirklich ein, dass ich eine Steuer für meinen Glauben zahlen muss. Ich denke mal, wenn ich an Gott glaube ist das etwas ganz Privates und nicht an einer Zahlung in Form von Steuern abhängig. Deshalb habe ich mich, wie viele andere Menschen gewiss auch, von dem Kirchlichen nie angezogen gefühlt. Von der Schönheit der Bauten wohl, aber nicht von Gottesdiensten und Predigten. Auch die Schlagzeilen der vergangenen Jahre haben diese Haltung untermauert."

„Ich kann Dich verstehen und Deine Haltung nachvollziehen. Dennoch muss ich Dir sagen, dass ein jeder Mensch gläubig ist. Zum Einen in schweren Momenten des Lebens besinnen sich die Menschen auf die höhere Macht, die Ihr Schicksal lenken kann. Zum Anderen glauben sie an sich selbst und an andere Menschen, die Ihnen sehr nahe stehen. Auch der letztere Aspekt ist eine Form des Glaubens, der auf Vertrauen basiert. So wie der Glaube an Gott. Der Glaube baut immer auf Vertrauen auf, gepaart mit Hoffnungen und Sehnsucht. Du legst die Geschicke in die Hände eines anderen Menschen oder der höheren Macht. Wobei wir hier das aufrichtige Vertrauen in Betracht ziehen und nicht den blinden oder fanatischen Glauben. Die beiden Letzteren führen allzu oft ins Verderben. Wie die Geschichte Eurer Zivilisation bereits mehrfach bewiesen hat.

Also, bist Du schon ein gläubiger Mensch, auf mehreren Ebenen. Oder sehe ich das jetzt falsch?"

„Aus dieser Sicht habe ich es bisher noch nie betrachtet und gebe Dir diesbezüglich Recht. Im Grunde genommen bin ich es. Ich glaube an mich, meine Fähigkeiten und Erfahrungen, sowie an meine Familie und Freunde. Die höhere Macht, wie Du sie nennst, spielte hier und da in meinem bisherigen Leben eine Rolle. ...und wenn ich das nächste Mal in einer Kirche bin, werde ich eine Kerze anzünden und Ihm für alles danken, was mich bisher in meinem Leben weiter voran brachte. Besonders für diese Tage hier auf der Insel und den vielen Erkenntnissen, die ich durch Dich gewinnen durfte."

Er lächelt. „Der Glaube versetzt Berge. Wenn Du an Deine Genesung, einem Leben der Fülle und an die wahre Liebe glaubst, so werden all diese Dinge in Dein Leben kommen. Der Glaube verbindet Menschen auf der ganzen Welt. Wenn auch jede Religion an eine bestimmte Gottheit glaubt und sie verehrt, so ist es immer dieser eine Gott. Die Christen glauben an Gott und seinem Sohn Jesus Christus, seien es Katholiken oder Evangelisten. Im asiatischen Raum verehren sie Buddha, im Islam ist es der Prophet Mohammed. Selbstverständlich gab es in Euren Zeiten auch Religionen mit verschiedenen Göttern, sei es im alten Ägypten oder Griechenland, im großen Römischen Reich. Aber in der heutigen Zeit gibt es mehrere große Religionen: den Katholizismus, Evangelismus, kurzum die Christen, den Islam, Buddhismus, Hinduismus und den jüdischen Glauben. Wenn ich in diesem Moment eine vergessen habe, so möget Ihr mir verzeihen."

„Mir fällt gerade auch keine weitere ein.", werfe ich ein.

„Der Glaube an die höhere Macht und den Himmelsboten hat die Menschen über Jahrtausende Eurer Geschichte zusammen geführt und verbunden. In Demut und Dankbarkeit verehrten sie ihre Gottheit. Wobei der Glaube hier und da auch missbraucht wurde und heute noch wird. Extremisten, die im Sinne Ihres Glaubens handeln, sind auf dem Irrweg und bringen Unheil über ihre Mitmenschen herein. Fanatismus hat nie zum gewünschten Endziel geführt. Auch die Kreuzzüge sind nicht wirklich im Sinne der höheren Macht, sprich Gott, gewesen. Denn er steht nicht für Kriege und Morde, sondern für Frieden und der Liebe zwischen den Menschen und allen anderen Lebewesen auf der Erde. Der Mensch hat sich in der Geschichte der Zivilisation das Recht heraus genommen, den Glauben und den Willen des Herrn dafür zu benutzen. Das sind die dunklen Kapitel in der Geschichte der Institutionen des Glaubens, wie sie auch heute noch auf der Welt praktiziert werden. Das hat wahrlich nichts mit dem wahren Glauben zu tun. Dieser fanatistische Glaube verbindet nicht die Menschen, sondern zerstört und unterbricht die Verbindungen und die Möglichkeiten, gemeinsame Wege zu finden und zu gehen."

Ich nicke bestätigend meinen Kopf und schaue ihn dabei nachdenklich an.

„Der Glaube an sich ist etwas Wundervolles. Denn, wie bereits mehrfach erwähnt, verbindet er die Menschen auf einer Grundlage des Vertrauens. ...und ich frage Dich, für welches höchste Gut der Emotionen und Gefühle ist das Vertrauen ebenfalls eine wichtige Grundlage?"

„Für die Liebe.", schießt es sofort aus meinem Mund.

„So ist es. Wenn Du jemanden aufrichtig liebst, so glaubst Du fest an ihn. Denn Du vertraust diesem Menschen von ganzem Herzen. Wenn Du an Deine Wünsche glaubst und die Wege zur Erfüllung gehst, werden sie zur Realität in Deinem Leben. Krankheiten kannst Du mit dem Glauben heilen, dass Du wieder ganz und gar gesund bist und Deine Wege weiter voran gehen kannst. Dein Körper stellt sich darauf ein und Deine Selbstheilungskräfte werden aktiviert. Der menschliche Körper ist darauf ausgerichtet, sich selbst zu heilen. Denn 98 Prozent aller Krankheiten basieren auf seelische Probleme und Krankheiten. Wenn Deine Seele krank ist, dann sendet Dein Körper Botschaften. Nimmst Du sie nicht ernst, so sucht sich diese Krankheit die schwächste Stelle im Körper und tritt dort zu Tage.

Bringst Du Deine Seele zur Ruhe, schenkst ihr den Frieden und nimmst auf Dich Acht, dann vermag Dein Glaube, dass Du wieder ganz gesund bist, Deine Selbstheilungskräfte zu aktivieren. ...und Du wirst wieder gesund werden. Manchmal ist ein medizinischer Eingriff dabei notwendig, wie eine Operation, aber danach verhilft Deine Selbstheilungskraft Dir zur vollen Genesung. Sogar Krebspatienten konnten sich dadurch heilen, ohne jegliche Chemotherapie.

4

Wobei gläubige Menschen oft als spirituell bezeichnet werden. Das sehe ich nicht ganz so. Ich habe Menschen kennen gelernt, die kirchlich sind, aber Werte wie Nächstenliebe und von Herzen zu geben in der Realität nicht wirklich leben. Viele von ihnen haben sich dieser Lehren der Bibel abgewandt und den Systemen Eurer Gesellschaft ergeben. Selbstverständlich um in ihr zu überleben. Gewiss sind einige Darstellungen und Auffassungen der Bibel überlebt und nicht mehr für Eure heutige Zeit aktuell. Aber die Grundwerte, die sie vermittelt, sind heute wichtiger denn je! Doch diese Tendenz gab es auch schon in früheren Zeiten, dass an Stätten des Glaubens mit dem Glauben Geld gemacht wurde. Wer christlich ist, sollte auch das Gute in dem Menschen sehen, ihm mit Liebe begegnen und mit offenen Armen. Ihr sagt doch so schön: Geben ist seliger denn nehmen. Ich bin erstaunt, dass gerade viele christliche Menschen dies nicht leben. War es nicht der heilige Franziskus, der es den Menschen vorlebte? Sie preisen ihn, doch leben seine Werte nicht weiter. Das nenne ich nicht spirituell. Der heilige Franziskus war es. Er war feinfühlig und sensibel genug, um seine Mitmenschen zu verstehen und ihnen von Herzen zu geben und zu helfen.
In Eurer heutigen Zeit werden spirituelle Menschen oft belächelt und sogar hier und da als Spinner bezeichnet. Dabei sind

gerade sie es, die Euch in Eurer Entwicklung helfen können. Sie sind sensibel, feinfühlig und haben Begabungen, die Euch auf Eurem Weg unterstützen werden. Oft haben sie schwere Wege zurück gelegt und viele Erkenntnisse gewonnen, die Euch nun zu Gute kommen. Ihr Verständnis und Mitgefühl Euch gegenüber ist hilfreich und sie reichen Euch symbolisch ihre Hände. Wer Ihr seid und welchen Stand Ihr habt, ist für sie uninteressant. Für sie zählt nur der Mensch, die Seele im Inneren. Mit Offenheit und Liebe in ihrem Handeln und ihren Worten stehen sie Euch gegenüber. Selbstverständlich erhalten sie von Euch einen Energieausgleich dafür, sei es Geld oder Waren des täglichen Bedarfs. Das Leben ist ein Geben und Nehmen. Was Du Anderen gibst, kommt tausendfach zu Dir zurück.

Es gibt unter den spirituellen Menschen leider auch sehr starke Extreme, wie überall im Leben auf der Erde. Aber diese Personen kristallisieren sich schnell heraus und geraten mit der Zeit ins Abseits. Denn die Spiritualität in ihrem wahren Sinne ist weder manipulierend noch aufdringlich. Sie wird von den wahren spirituellen Menschen im Einklang mit sich selbst gelebt und damit nach außen getragen. Sie geht, wie bereits erwähnt, mit der Liebe und Herzlichkeit Hand in Hand. Entscheidend in der spirituellen Welt sind immer der Mensch und seine Seele. Sie stehen im Vordergrund. Ihnen zu helfen und die Wege in das wahre Leben zu bereiten, ist die Aufgabe, denen sich spirituelle Menschen hingeben. Das findet man auch in kirchlichen Kreisen bei Seelsorgern und Priestern und Pastoren. Sie alle helfen Dir nicht an der Oberfläche, sondern gehen tief hinein und heilen Dein Leid und Deine Krankheit am Ursprung des Übels. Um es bildlich auszudrücken: Dem Strauch schneiden sie nicht die Triebe ab und kurz, damit sie von Neuem aus sprießen können. Sie beginnen ihre Arbeit an der Wurzel und heilen dort Deine Leiden. Denn nur so kann der Strauch wirklich beseitigt werden, sprich Dein Leiden."

„Das leuchtet mir ein. Ich erinnere mich an ein Gespräch mit einer interessanten Frau, die Heilerin der Neuzeit ist. Sie gab mir sogar ihre Visitenkarte."

„Sie kann Dir gewiss auf Deinem neuen Weg helfen. Doch dazu kommen wir am letzten Tag dieser Reise.

Ich hoffe, ich konnte Dir den Glauben und die Spiritualität etwas näher bringen und aus einem anderen Blickwinkel beleuchten, als es in Eurer Gesellschaft getan wird?"

Ich nicke mit dem Kopf: „Das hast Du getan und ich sehe diesbezüglich viele Dinge jetzt anders als zuvor."

Er lächelt zufrieden: „Das freut mich. Damit ist der Weg für unser letztes Treffen geebnet.

Morgen sehen wir uns auf alle Fälle? Denn ich möchte mit Dir die Erkenntnisse dieser Reise zusammen tragen und von unserem Ort der Erkenntnis hier Abschied nehmen."

„Ich bin schon sehr gespannt darauf und freue mich auf morgen!"

„Wir haben nun die wichtigsten Themen für Deine Reise erörtert und Deinen Erkenntnisschatz bereichert. Wege hier und da geebnet und Tore geöffnet, wo vorher Mauern waren. Doch bevor wir morgen beginnen, möchte ich Dir noch eine kleine Aufgabe mit auf dem Weg geben: Ich habe Dir bereits am Anfang und in der Mitte der Reise diese Frage gestellt und möchte, dass Du sie nun mit den neuen Erkenntnissen betrachtest und für Dich beantwortest. - Wer bist Du?"

„Das werde ich tun."

„Gut, dann wünsche ich Dir noch einen interessanten und erkenntnisreichen Abend!" Wir stehen auf und verabschieden uns mit einer Umarmung.

5

Auf dem Heimweg mache ich einen kurzen Zwischenstopp und gehe noch ein bisschen am Strand spazieren. Seine Frage kreist durch meine Gedanken und ich bemerke, dass ich mich nun viel klarer einschätze und auch ganz anders betrachte, als bisher. *Interessante Prozesse, die da in mir abgelaufen sind und meine Persönlichkeit in einem ganz anderen Licht erscheinen lassen. Ich bin beeindruckt und ebenso angenehm überrascht. Diese Reise hat bis jetzt schon enorm viel bewirkt. Mit dieser Aufgabe wird es mir erst so richtig bewusst und er weiß schon, wann er mir welche Aufgabe geben muss. Er ist ein wunderbarer Lehrer, einfühlsam und warmherzig. Dennoch zeigt er hier und da klare Grenzen auf und grenzt sich von unseren Entwicklungen ab. Ganz ehrlich, in welchen Beziehungen mir auf dieser Reise die Augen geöffnet wurden, ist teilweise schon erschreckend. In welchen Strukturen und Mustern wir uns bewegen und pressen lassen. ...und wie deutlich und verständlich alles mit einem Mal wird, wenn man sich dieser Strukturen und anerzogenen Muster entledigt. Ich bemerke, dass ich manchmal als reiner Beobachter agiere und weitere Erkenntnisse gewinne und meine Ansichten dadurch noch klarer werden. Es ist ein interessanter Prozess und Weg und er macht mich freier und leichter, als jemals zuvor.*

XI.
1

Den restlichen Abend gestern widmete ich ganz den Notizen und Aufzeichnungen zu dieser Reise. Ich schrieb noch zwei Nachrichten an Freunden, dass ich viel zu berichten habe, wenn wir uns wiedersehen.

Nun sitze ich auf dem Bett und mir ist klar, dass mein Urlaub auf der Insel bald vorbei ist und die Reise mit Nathanael morgen ihr Ende finden wird. Es stimmt mich ein wenig traurig. Dennoch möchte ich die Erfahrungen und Erkenntnisse, die Tage mit ihm nicht im Ansatz missen. Sie haben mir unendlich viel gebracht und ich werde gewiss als neuer Mensch in die Großstadt zurück kehren.

Nach der Morgentoilette und dem Frühstück spaziere ich zum neu angelegten Deich, wo ich Nathanael das erste Mal getroffen habe. Ich setze mich auf die Bank und genieße den Ausblick auf den Selliner See.

Wer bist Du? – Ich denke mal, dass nicht jeder Mensch diese Frage wirklich tiefgründig beantworten kann. Auch ich habe im Außen gelebt und bin nun nach innen zurück gekehrt. Selbstverständlich war es kein leichter Wey. Obwohl ich weiß, dass die richtige Reise erst nach den Tagen hier auf der Insel beginnt. Dennoch hat mich der Weg schon jetzt verändert. Wenn ich es zulasse, kann ich eins mit meiner Umgebung, der Natur sein. Das ist eine großartige Erfahrung und zeigt mir immer wieder aufs Neue, dass wir eins mit dem Gesetz des Lebens sind und uns nicht über ihn stellen können. Vor allem aber nicht sollten. Denn wer möchte schon gern ein Außenseiter sein?

Ein Lächeln fährt über meine Lippen. *Früher war ich hier und*

da einer. Ich bin mir sicher, dass ich schon immer für die spirituellen Dinge offen war. Menschen habe ich vielen geholfen, bin für sie über meine Grenzen hinaus gegangen und habe sie damit neu gesetzt. Das ist wahrscheinlich auch der Grund, dass ich Nathanael hier oben auf der Reise getroffen habe. Denn dieses Mal ging es um mich, meine Zukunft und deren Wege. Wohin sollte ich blicken und gehen? Heute weiß ich es und bin nicht nur sehr froh darüber! Sondern von ganzem Herzen her dankbar für die vielen Erkenntnisse. Auch wenn ich es des Öfteren wiederhole. Ich denke mal, dass kann man nicht oft genug sagen und denken!
Hier hatte vor zehn Tagen alles begonnen und es kam mir am Anfang wie ein schlechter Scherz vor. Heute weiß ich, dass man mit Vorurteilen vorsichtig sein sollte und stets offen für die Botschaften und Zeichen auf allen Wegen. Wäre ich gegangen, hätte er es vielleicht noch einmal versucht oder ich mir selbst die Erkenntnisse vorenthalten. Das Leben geht manchmal seltsame Wege und wir müssen dabei lernen, dass jedes Ereignis einen Grund für uns hat. Sei es eine Spiegelung unseres Innern oder eine Chance, sein Leben zu verändern. Wer offen bleibt und feinfühlig genug, das zu erkennen, wird sich selbst eine wunderbare Welt eröffnen. Heute kann ich das vollkommen bestätigen. Die großen Chancen kommen eben nicht laut daher, mit viel Krach und Tamtam. Sondern still und leise.

2

Auf dem Weg zu unserem Sonnenplatz der Erkenntnis radle ich entspannt die Straße entlang, genieße das schöne Wetter und die herrliche Luft. Ich nehme mir die Zeit und habe das Gefühl, meine Lungen ordentlich mit Sauerstoff zu versorgen. Immer-

hin ist übermorgen die Reise zu Ende, besser gesagt, bin ich dann wieder auf dem Weg in die Großstadt.
Als ich ankomme, nehme ich auf der Wiese Platz. Ich möchte noch einmal den Duft der Blumen einatmen, dem Summen der Insekten lauschen und die Energie spüren. Ich schließe meine Augen und werde wieder ganz eins mit der Natur. *Ein wunderbares Gefühl! Ich spüre, wie die Energie durch meine Arme und Beine in meinen Körper fließt. Als hätte ich mich mit dem Stromnetz verbunden, um meine Akkus in mir aufzuladen. Es sind doch die Kleinigkeiten, die einfachen Dinge im Leben, die uns glücklich machen und neue Kraft und Energie verleihen.*
„Du hast Dich in den letzten zehn Tagen sehr weit nach vorn gebracht und entwickelt.", höre ich Nathanaels Stimme.
„Ja, das stimmt. Durch die Erkenntnisse, die ich durch Dich gewinnen durfte.", erwidere ich mit noch geschlossenen Augen. Ich habe seine starke Energie gespürt, als er dazu kam.
„Die Erkenntnisse sind das Eine. Das Andere und viel Wichtigere sind die Umsetzungen der Lehren, die Du für Dich daraus ziehen konntest. Wie ich schon einmal sagte, Du kannst jetzt gleich damit beginnen, oder morgen, kommende Woche, nächsten Monat oder erst in einem Jahr. Es liegt ganz allein an Dir!"
Ich öffne die Augen und sehe ihn an: „...und ich habe gleich damit begonnen."
„So ist es. Darüber bin ich sehr froh und auch stolz auf Dich! Ich hatte Dir gestern noch einmal eine Frage mit auf dem Weg gegeben. Möchtest Du sie mir beantworten?"
„Ja, sehr gern. Soll ich zu Dir auf die Bank kommen?"
„Du kannst gern auf der Wiese sitzen bleiben. Ganz, wie Du magst!"
„Dann bleibe ich erstmal hier sitzen. Zu Deiner Frage von gestern. Ich habe in mich hinein gehört und festgestellt, dass ich vieles jetzt mit anderen Augen sehe und auch die Einstellung zu

mir selbst verändert habe. Du hast mir in vielerlei Hinsicht die Augen geöffnet und Türen, wo vorher Wände für mich waren. Doch wer bin ich nun wirklich? – Ich bin mir sicher, dass ich mich heute richtig einschätzen kann, was bis zu unserem ersten Treffen nicht der Fall war. Ich bin ein sehr liebevoller Mensch, der generell die Harmonie um sich herum liebt. Ich kann sehr gut zuhören, bin einfühlsam und sensibel genug, die Feinheiten zu erkennen. Die Wahrheit ist mein stetiger Begleiter und ich weiß auch, dass sie nicht immer jeden gefällt. Aber so bin ich, authentisch und offen, hilfsbereit und zuvorkommend. Ja, ich kann auch sagen, dass ich spirituell bin, es sicher bereits früher war. Doch da konnte ich damit noch nicht richtig umgehen. Heute erkenne ich, dass mir dieser offene Umgang mit dem spirituellen, universellen, die Tore geöffnet hat und mir den Blick über den Tellerrand erlaubte. Ich bin geduldiger als zuvor. Kann mich treiben lassen und den Augenblick mit mir und meiner Umgebung genießen. Die kindliche Seite in mir ist immer noch präsent und es gefällt mir. Denn sie schenkt mir eine gewisse Leichtigkeit und Lebensfreude, die sonst verloren gegangen wäre. Mein Humor kennt keine Grenzen und ich muss ihn manchmal ein bisschen im Zaum halten. Aber auch er ist ein Teil von mir, über den ich sehr froh und dankbar bin. Sicherlich hat sich mein Charisma in den letzten Tagen weiter verändert. Das merke ich, wenn ich Menschen begegne. Sie reagieren ganz anders als früher, respektvoll und offen. Wie Du immer sagst: Was Du aussendest, kommt zu Dir zurück. Ich habe meine Begabung entdeckt und werde sie ab nun leben. Allein der Gedanke daran macht mich schon sehr glücklich.

Wenn ich jetzt noch einmal meine Pyramide vor meinen Augen so betrachte, dann stelle ich fest, dass ich sie an allen vier Ecken stabilisiert und mein Fundament ordentlich gesäubert habe. Ich bin mit meinen ersten Erfolgen sehr zufrieden und weiß auch, dass meine wirkliche Reise jetzt erst beginnt. Wenn ich wieder in den Einflüssen des alten Alltagslebens eintauche, werde ich diszipliniert meinen Weg weiter gehen. Denn ich weiß nun, wie viel er in meinem Leben verändert hat und noch verändern wird. Denn nichts ist unmöglich! Ich musste nur die Zusammenhänge erkennen und meinen Horizont dadurch erweitern. Bereit sein, all das anzunehmen und umzusetzen, was ich von Dir gelehrt bekommen habe. ...und siehe da, es funktioniert und die Einfachheit des Lebens wurde mir offensichtlich. Jetzt, wo ich sie erkannt habe, kann ich mit vielen Strukturen und auferlegten Normen anders umgehen. Verfalle nicht mehr diesem täglichen Trott. Ich sehe mein Leben und vor allem mich selbst aus einem ganz anderen Blickwinkel und Licht. Heute weiß ich, dass das Leben großartig ist, dass ich großartig bin! ...und dafür bin ich sehr dankbar!"

Er schaut mich zufrieden lächelnd an: „Wow, eine Antwort, die ich erhofft, aber zu diesem Zeitpunkt noch nicht erwartet hatte. Ich bin vollends zufrieden und stolz auf Dich und Deinen bisherigen Weg."

Ein Gefühl von Stolz und Freude zugleich erfüllt meinen Körper und lässt mich sofort gerade im Gras sitzen.

„Doch lassen wir die letzten Tage noch einmal Revue passieren! Wichtige Erkenntnisse zusammentragen und hier und da durch weitere Gedankengänge vervollständigen."

„Sehr gern!" *Ich bin gespannt!* ...und höre ihm, wie immer, aufmerksam zu.

3

„Am Anfang Deiner Reise musstest Du erkennen, dass all das, was in Deinem Leben bis dato präsent war, von Dir herangezogen wurde. Die Schicksalsschläge dienten dazu, Dich wach zu rütteln und zu neuen Wegen und Veränderungen zu ermutigen. Körperliche Leiden wurden immer stärker, weil Du die Signale nicht für wahr genommen hattest oder sogar völlig ignoriertest. Wenn Deine Seele im momentanen Umstand kränkelt und sich stark windet, sucht sich ihr Leid die schwächste Stelle am Körper, um dort als Krankheit hervor zu treten. All das ist in Deinem Leben passiert und schlussendlich ist Dir alle Sicherheit genommen worden. Du strauchelst am Abgrund entlang, schautest in die Finsternis und wusstest nicht, wohin Dein Weg nun gehen soll. Tief in Dir drin wusstest Du, dass es nicht der Abgrund sein kann und ist. Aber dennoch übte er eine Faszination auf Dich aus. Wie er es bei allen Menschen macht. Der Blick in den Abgrund kann süchtig machen und wenn man dieser Sucht verfällt, merkt man nicht mehr, wenn man hinunter stürzt. Das ist die große Gefahr dabei!

Doch Du hast den Weg zum Licht gewählt. Bist aus dem Alltagstrott hinaus auf die Insel gefahren, um Zeit für Dich zu haben. Das ist auch der Hauptgrund, warum wir uns trafen."

Ob er mir jetzt sagt, wer er wirklich ist?

„Es war an der Zeit, dass Du erkennst, wer Du wirklich bist! Welche Begabungen in Dir liegen und vor allem, was das Leben wirklich ausmacht. Du musstest in Dich hinein gehen und Dich selbst erkennen. Der wichtigste Grundstein dieser Reise. Alle Antworten auf Deine Fragen liegen tief in Dir verborgen. Wenn Du Dir die Zeit nimmst und in Dich hineinlauschst, dann werden sie Dir offenbart. Du musst nicht im Außen suchen. Dort findest Du nur Spiegelungen Deiner Zweifel und stetig wiederkehrenden Fragen. Nur in Deinem Inneren kannst Du die Antworten finden. …und Du hast sie gefunden. Es war ein Prozess und Du hast ihn vollzogen. Das allein hat Dein Leben bereits verändert. Denn wer einmal diesen Weg geht, kann ihn nicht wieder rückgängig machen. Du hast das Tor geöffnet und die

Türen haben sich aus den Verankerungen gehoben. Das Tor bleibt nun für immer offen. Du musst in der Zukunft nur hindurchgehen und in Dein Inneres zurück kehren. Dann wirst Du die Kraft und Energie finden, um die weiteren Herausforderungen zu meistern. Aber nicht nur Dein Energiepotential liegt dort, sondern auch all Deine Weisheit, Weitsichtigkeit und Entscheidungsvermögen. Wenn Du mit dem Herzen siehst und handelst, aus ihm heraus liebst und denkst, wirst Du immer den richtigen Weg gehen. Denn Deine Intuition lässt Dich niemals im Stich. Nur der Verstand ist in der Lage, Zweifel zwischen Deine Beine zu werfen und Dich zum Stolpern zu bringen. Diese Erkenntnis zu gewinnen, ist das Fundament für alles Folgende. Es gibt Dir das Urvertrauen zurück, den Glaube an Dich selbst und an das Leben mit all seinen Möglichkeiten, Dir Wege und Tore zu eröffnen, die Dir bis vor zehn Tagen verborgen geblieben waren. ...und wenn Du den alten Weg weiter gegangen wärst, gewiss auch immer als unentdecktes Geheimnis in Dir geschlummert hätte.

Doch Du hast eine Entscheidung für Dich getroffen, ohne dabei auf andere Menschen, egal wie nahe sie Dir stehen, Rücksicht zu nehmen. Es geht hier um Dein Leben und nicht das der Anderen. Ein jeder Mensch ist für sein Leben allein verantwortlich. Er spielt nicht nur die Hauptrolle, sondern ist auch der Regisseur. Das solltest Du Dir immer vor Augen halten. Alle Entscheidungen, die Du auf Deinen weiteren Wegen triffst, betreffen zu allererst Dich alleine. Sicherlich musst Du hier und da auf Deine Umwelt achten. Doch Du musst Dir stets bewusst sein, dass niemand Anderes Deinen Weg gehen kann, Dein Leben leben kann, außer Dir selbst! Das ist ebenfalls ein Teil des Gesetzes des Lebens. Jedes Lebewesen ist für sein Leben selbst verantwortlich. Das ist sozusagen die Würze in der Suppe."

Ich nicke mit dem Kopf und mir wird einmal mehr bewusst,

dass wir alleine die Verantwortung für uns und unser Leben haben und sie niemals anderen Menschen überlassen sollten.

4

„Wir sprachen über die Evolution der Menschheit, über das Gesetz des Lebens und welchen Weg ihr mit Eurer Zivilisation gewählt habt. Ihr stellt Euch über alles, glaubt, dass nichts jener Gesetze für Euch zutrifft. Denn Ihr seid die Krone der Schöpfung. Doch Eure Krone ist nichts weiter als ein Karnevalshut. Ihr macht vor Euch selbst nicht einmal mehr Halt. Armut auf der ganzen Welt, selbst in reichen Ländern. Wie gleich sind die Menschen in Eurer Zivilisation wirklich? Ist ihre Würde wirklich unantastbar? Ich sehe genügend Beispiele auf Eurer Erde die genau das Gegenteil zeigen. Dazu müsst Ihr nicht einmal weit schauen. Machtbesessenheit, Habgier, Gleichgültigkeit, Intoleranz, Hass, falscher Stolz und blinder Ehrgeiz, Lügen und Intrigen bringen Euch nicht die Verheißung! Sie stürzen Euch immer tiefer in die Finsternis, ins Verderben. Sie sind nicht der Weg zum Glück, zur Erfüllung! Sie schenken eine geglaubte Sicherheit, die eines Tages wie eine große Seifenblase zerplatzt. Innere Kälte, bittere Einsamkeit und tiefer seelischer Schmerz sind ihre Ernte. Jene, die ihre Freunde waren sind nun ihre ärgsten Feinde. Wenn Du ihnen alles nimmst, dann bleibt ein Nichts übrig, eine leere Hülle, aus der die Wahrheit und wahre Liebe gewichen ist. Die Wärme und Güte, die im Herzen eines jeden Menschen wohnt. Sie haben dann einen beschwerlichen Weg vor sich, dass alles zurück zu gewinnen. Doch oftmals ist es dafür zu spät.

Ihr sucht Euer Glück im Außen, macht es von Begehrlichkeiten, Menschen und Umständen in Eurem Leben abhängig. Das wahre Glück findest Du nur, wenn Du den Weg zu Dir selbst gehst,

den Frieden mit Dir und allen Anderen schließt. Der innere Frieden ist des Menschen größtes Glück. Wenn Du es in Dir zum Leben erweckst, trägst Du es nach Außen und es wird Dir tausendfach zurück gegeben. So findest Du das Glück in Deinem Leben. Nicht anders. Es ist an der Zeit, dass Ihr es nicht nur erkennt, sondern verinnerlicht und umsetzt. Erkennt die Werte um Euch herum, was Ihr seid und habt. Lernt es zu schätzen! Seid dankbar dafür und kehrt zur Bescheidenheit zurück! Demut und Dankbarkeit sind die wichtigsten Werte, neben einem ausgeglichenen Geben und Nehmen. Nichts in Eurem Leben ist selbstverständlich! Keine liebevolle Geste eines Anderen, sei es die Hilfe, ein Geschenk, die entgegengebrachte Herzlichkeit, die Liebe und Offenheit. Sei dankbar dafür und erkenne den Wert darin, schätze und respektiere ihn! Gebe in Liebe, vom Herzen her. Du verlierst nichts dabei, sondern kannst nur gewinnen. Nimm in Liebe an, denn Du hast es verdient! Scheue Dich nicht, denn es wird Dir gereicht, weil Du respektierst und Dein Wert erkannt wird. Nimm es dankbar an und freue Dich darüber! Ein Geben und Nehmen, so ist das Leben. Was Du anderen Menschen von Herzen gibst, wird Dir von ihnen und von Anderen von Herzen zurück gegeben. Es stellt sich immer ein gesundes Gleichgewicht ein. Das Leben sorgt dafür. Du musst es nur erkennen, annehmen und dankbar sein.
Keine Machtspiele mehr, keine Spiele mit den Gefühlen anderer Menschen! Am Ende verlierst Du, nicht der Andere. Solche Spiele dauern nur solange, bis der Andere die Fesseln abstreift und geht. ...und er wird sich nicht mehr umdrehen und Dich ansehen. Denn er weiß um der Schmerzen, die Du ihm zugefügt hast. Sie werden sich auf Dich übertragen und Dich quälen. Du verlierst Dein Ansehen, Deinen Respekt und Deine Würde gegenüber Anderen. Am Ende schädigst Du Dich immer nur selbst. Ich könnte Dir noch viel über die Krankheiten Eurer Zivilisation

erzählen, Eurer Verhaltensweisen untereinander, die Euch zerstören. Sicherlich gibt es mittlerweile viele Menschen, die den Weg der Liebe, des Respekts und der Wahrheit gehen. Doch sie haben es immer wieder schwer. Denn die Wahrheit wird in Eurer Gesellschaft nicht wirklich geliebt. Opfer werden oft als Täter gesehen und Täter zu Opfern erkoren. In Eurer Welt ist die Ungerechtigkeit oftmals so groß, dass die Gerechtigkeit kaum Luft hat zum Atmen. Solange das der Fall ist, rast Ihr weiterhin mit hoher Geschwindigkeit auf den Abgrund zu. Bis Ihr eines Tages abstürzt und niemand Euch mehr retten kann. Ihr müsst nicht nur erkennen, sondern beginnen, zu verändern! Jedes einzelne Leben auf der Erde liegt in den Händen eines jeden jeweiligen Menschen. Also beginnt endlich, Euer Leben zu leben und zu verändern. Denn die große Masse besteht aus jedem einzelnen Menschen.

Warte nicht auf Morgen, verschiebe es nicht ständig! Wenn Du das Gefühl hast, es jetzt umsetzen zu müssen, dann handle auch und suche keine Ausflüchte! Denn sonst ist es eines Tages zu spät und was übrig bleibt ist die Enttäuschung von sich selbst. Enttäuschung darüber, dass andere, lapidare Dinge und Begebenheiten wichtiger erschienen, als sie wirklich waren. Einsicht ist oft eine Wahrheit, die leider zu spät kommt. Deshalb lebe im hier und jetzt! Genieße und erlebe Dein Leben in jedem Augenblick und handle, wenn es richtig ist. Verschiebe nichts, denn es kann in Vergessenheit geraten. ...und was im Grunde genommen wichtig war, hinterlässt nun eine fade und traurige Leere. Trage die Erkenntnisse hinaus und lass Deine Mitmenschen daran Teil haben! Damit sie verstehen und sehen, dass nur die Taten zählen und nicht die vielen, bereits gesprochenen Worte."

„Das werde ich. Auch wenn ich mir bewusst bin, dass nicht jeder es so sehen wird oder sehen will. Aber ich weiß, dass viele andere es verstehen und erkennen und gewiss ihren neuen Weg beginnen."

„Die Zuversicht und der feste Glaube daran werden die Botschaften unterstützen und ihnen Nährboden geben. Der Weg der Liebe und des Friedens, der Harmonie und des Gleichgewichts ist die Straße in die neue Dimension, auf die Ihr Euch nun begibt. Nicht alle werden dahin folgen, aber viele.

5

Der Glaube, der Geist des Menschen ist zu allen Veränderungen in der Lage. Aus einem Traum, einer fixen Idee entstehen die unglaublichsten und erfolgreichsten Projekte, weil der Mensch fest an der Realisierung glaubte und arbeitete. Ich habe Menschen gesehen, die durch ihren Glauben an ihre Gesundheit, an ihrem Leben, schwere Krankheiten, wie zum Beispiel Krebs, heilten. Der Mensch ist zu viel mehr in der Lage, als er im Ansatz vermutet. Ich habe Wunder gesehen und miterlebt, in denen seelische und körperliche Beschwerden geheilt wurden, Süchte abgelegt und glückliche und erfüllte Leben entstanden. Alles nur, weil diese Menschen fest an sich und ihr Leben glaubten.

Der menschliche Körper ist dahin gehend ausgerichtet, sich selbst zu heilen. Wenn Du festen Glaubens bist, dass Du gesund und fit bist, so stellt sich Dein Körper darauf ein und aktiviert die Selbstheilungskräfte.

Wenn Dein Augenlicht schlechter wird oder gar erlischt, so willst Du Dein Leben nicht mehr sehen. Deine Ohren werden immer schlechter, so überlege Dir, was Du nicht mehr hören willst. Das körperliche Stützsystem schmerzt, sprich Dein Rücken, Becken, dann entledige Dich Deiner schweren Last, die Du mit Dir trägst. Deine Beine wollen nicht mehr, Du hast starke Beschwerden, so ändere Deinen Weg und begib Dich aus dem Sumpf. Starke Gallebeschwerden sind oft durch häufigen Stress ausgelöst. Dir läuft die Galle über. Ändere Dein Leben und entledige Dich von dem Dauerstress! Dich begleiten stets Kopfschmerzen, dann mach Dich von den belastenden Gedanken frei! All diese Leiden sind Signale Deiner Seele, was in Deinem Leben nicht richtig läuft. Ich könnte die Liste noch weiterführen. Was ich Dir damit sagen will, ist, dass 98 Prozent aller körperlichen Leiden und Krankheiten seelischen Ursprungs sind. Wenn Du die Umstände änderst, Dir stets sagst, dass Du gesund und fit bist, so wird sich Dein Körper darauf einstellen und die Selbstheilungskräfte aktivieren. Deine Krankheiten werden verschwinden.

Lebst Du aber für sie, so werden sie sich verschlimmern und Du ziehst Dich mehr und mehr in Deine kleine Welt des Leidens zurück und ergibst Dich Deinem ausgesuchten Schicksal. Dadurch wird Dein Leben sicher nicht lebenswert, denn wer möchte schon stets mit Schmerzen den Alltag verbringen und seinen Körper mehr und mehr fordern, bis gar nichts mehr geht? Das ist nicht der Sinn des Lebens! Denn dadurch lebst Du nicht, Du vegetierst vor Dich hin.

Du kannst durch den Glauben an Dich, an Dein Leben und durch Dein Handeln alles in Deinem Leben erreichen. Nichts ist unmöglich! Wenn Du Dir das verinnerlichst und den Weg Deines Herzens gehst, dann wirst Du Deine Bestimmung leben und Deine Begabungen entfalten können. Dieser Weg führt Dich ins Leben der Fülle, materiell wie ideell. Alles ist möglich. Wenn Du nur fest daran glaubst und das Vertrauen lebst.

Konzentriere Dich stets auf das Wundervolle, das Schöne und Gute in Deinem Leben und all das Unerwünschte wird daraus verschwinden. Denn es hat keinen Platz mehr in Deinem Leben. Das Gesetz der Resonanz.

Du entscheidest, welcher Mensch in Deinem Leben Platz findet, wer Deine wahren Freunde sind. Wer Dir nicht gut tut, Dich und Deine Offenheit und Liebe ausnutzen will, dem kehre den Rücken zu. Du bestimmst, nicht Dein Gegenüber. Achte dabei auf Dein Bauchgefühl! Es zeigt Dir, was gut und was nicht gut für Dich ist. Lass das Schöne und Wundervolle in seiner ganzen Vielfalt in Deinem Leben zu und es wird sich zu einem wunderschönen Leben entwickeln. Die Entscheidung dafür liegt in Deinen Händen und nur in Deinen!

Das hat weder etwas mit Naivität zu tun, noch mit Selbstsüchtigkeit! Es geht hier um Dein Leben und Du hast bereits einen ersten Blick über den Tellerrand gewagt. Das Leben ist so ausgelegt, Du musst es nur für Dich nutzen und umsetzen. Die Herausforderungen auf dem Weg dorthin werden Dich weiter formen und lehren. Nimm sie von Herzen an, dann meisterst Du sie leichter und schneller, als wenn Du ihnen mit Gram begegnest. Denn der Weg führt Dich zu Deinem Ziel. Gehe ihn in Demut und Dankbarkeit, auf gleicher Ebene mit all den anderen Menschen, die Dich darauf begleiten! Dann führt er Dich auch zum Erfolg.

6

Nimm die Menschen, die Du von Herzen liebst und Dein Leben bereichern, mit auf dem Weg und teile mit ihnen Deine Freude und Deinen Erfolg. Dann wird er Dich noch reicher machen und Deinen Gabentisch des Lebens stetig füllen. Teile in Liebe und der Tisch wird niemals leer sein. Dafür sorgt Dein Leben. Denn was Du Anderen von Herzen gibst…"

„…kommt tausendfach zu mir zurück."

„So ist es." Nathanael lächelt zufrieden. „Du trägst die Liebe, das Glück, Deinen Erfolg und Deine Demut und Dankbarkeit nach Außen und wirst sie von anderen Menschen zurück bekommen. Das stärkt nicht nur Dein Selbstvertrauen und Selbstwertgefühl, es lässt Dich erstrahlen und die Menschen werden auf Dich zukommen und fragen, was Du anders machst, als sie?! Dann kannst Du mit ihnen Deinen Erfahrungsschatz teilen und gibt's ihnen die gleichen Möglichkeiten, die Dir eröffnet wurden. Da jeder Mensch andere Träume und Wünsche hat, werden sie sich auf ihren Weg begeben. Die Freude und das Glück, ihnen die Tore dafür eröffnet zu haben, ist eine wundervolle Bereicherung und Motivation zugleich, weiteren Menschen zu helfen. So, wie Du es mit Deinem Buch und Seminaren umsetzen wirst. Es ist der richtige Weg und Deine Vorfreude darauf zeigt Dir, dass die Zeit dafür gekommen ist. Denn diese Freude kommt aus Deinem Herzen, sie belebt Deine Begabung und haucht ihr stetig Leben ein. Du kommst in den Fluss und alle Türen öffnen sich dafür, damit Dir auf diesem Weg alles Notwendige für die Umsetzung gereicht werden kann. Die ersten Schritte liegen in Deinen Händen. Wenn Du daran glaubst, auf Dich und den Weg vertraust und losgehst, dann sorgt das Leben dafür, dass Du Dein Ziel erreichst.

Vielen Menschen in Eurer Gesellschaft fehlt der Mut dazu und die Disziplin. Aber wenn sie ihren Weg einmal begonnen haben und erkennen, dass es wirklich funktioniert, dann werden sie verstehen und ihr Urvertrauen zurück gewinnen. Die Erfahrungen kann aber nur jeder selbst für sich machen. Du kannst ihnen durch Dich selbst zeigen, dass es funktioniert und sie dazu ermutigen, an sich und ihr Leben zu glauben.

Menschen, die in Deiner direkten Umgebung sind, ermutigst Du mit der Zeit durch Deinen Werdegang von ganz alleine. Denn Du lebst es ihnen sozusagen direkt vor.

7

Du hast für Dich selbst am zweiten Tag beschlossen, den neuen Weg zu gehen. Wenn auch mit etwas Vorsicht am Anfang, so bist Du dennoch diszipliniert gewesen und es hat sich bezahlt gemacht. Dein Erfahrungsschatz, aus dem Du nun schöpfen und weiter geben kannst, ist schon sehr groß. Dennoch entscheidet ein jeder Mensch für sich selbst, wann er die Veränderungen herbei führt und seinen Weg beginnt. Die Einen werden alles sehr interessant und spannend finden, aber mehr auch nicht. Andere widerum nehme es an, aber meinen, sie werden es dann umsetzen, wenn der richtige Zeitpunkt dafür gekommen ist. Doch ich frage Dich: Wann ist der richtige Zeitpunkt?"
Ich stehe auf und setze mich zu ihm auf die Bank, sehe ihn an und antworte: „Der richtige Zeitpunkt ist in meinen Augen dann, wenn ich die Erkenntnis gewonnen habe. In dem Augenblick lebt in mir die Motivation, es umzusetzen. Nicht erst in einer Woche, einem Monat und weitaus später. Bis dahin können viele Erkenntnisse bereits in Vergessenheit geraten sein. Oder ich bin wieder in den alten Mustern meines Alltags so tief verwurzelt, dass ich keinerlei Anwandlungen unternehmen werde, das Leben zu ändern. Höchstwahrscheinlich erst dann, wenn mich ein erneuter Schicksalsschlag aus der Bahn wirft und daran erinnert. Ja, es ist am Besten jetzt gleich damit zu beginnen!"
„So, wie Du es getan hast. Denn desto länger Du wartest, desto größer wird die Last, die Du Dir aufbürdest und von der Du Dich erst befreien musst.
Um es bildlich darzustellen: Was heute noch ein kleiner Berg ist, den Du überwinden musst, kann dann schon eine gewaltiges Hochgebirge sein. Deshalb habe ich die Tage immer gesagt, es liegt in den Händen eines jeden Einzelnen, wann er damit be-

ginnt. Ein jeder Mensch entscheidet für sich allein, für sein Leben und nicht für das Leben eines Anderen. Du hast auch nicht das Recht, jemand dahin zu drücken, ihn zu manipulieren. Damit erreichst Du nur, dass er sich verschließt und zurück zieht. Im schlimmsten Falle die Verbindung zu Dir abbricht und Du ihm den Zugang zu seiner Veränderung verbaut hast. Deshalb gib Deine Erfahrungen weiter und verdeutliche, so wie ich es tat, die Empfehlung Deiner Erkenntnis diesbezüglich. Aber entscheiden wird der Andere für sich alleine."

„Das habe ich verstanden und mir wurde einmal mehr die Verantwortung in dieser Hinsicht bewusst. Aber ich nehme sie gern an und auf mich und werde mit ihr sorgsam und aufrichtig umgehen."

„…und es wird Menschen geben, die Dir für diesen Erfahrungsschatz von Herzen danken werden und ihren Weg sofort beginnen. Das ist der schönste Lohn für Deine geleistete Arbeit, denn er zeigt Dir, wie authentisch Du Deine Begabung lebst und an Andere weitergibst. Das ist mehr Wert, als das Geld, was Du als Energieausgleich dafür bekommst. Denn es erreicht Dein Herz tief drinnen.

8

Am Ende möchte ich noch einmal auf Eure zwischenmenschliche Kommunikation eingehen, den Umgang, den Ihr miteinander hegt:

Ihr solltet einmal mehr Eure Kopfhörer aus den Ohren nehmen und die Handys aus Euren Händen legen und miteinander reden. Mit der Musikbeschallung zieht Ihr Euch in Eure kleine Welt zurück, an der Ihr in dem Moment niemanden teilhaben lassen wollt. Sicherlich ist es eine Form der Entspannung vom stressigen Alltag. Aber auch eine vertane Möglichkeit, mit einem anderen Menschen in ein interessantes Gespräch zu kommen. Wenn jemand glücklich oder liebevoll Euch anlächelt, reagieren die meisten von Euch erbost und verärgert. Denken gleich, man würde sie auslachen, sich über sie lustig machen. Ihr denkt in der Hinsicht viel zu oft an das Negative, weil Ihr allzu oft von Vorurteilen behaftet seid. Ihr solltet wieder offener miteinander umgehen und Eure Vorurteile gegenüber Euren Mitmenschen abbauen, gar auslöschen. Es würde Eurer Zusammenleben einen großen Schritt nach vorn bringen!

Ich habe Menschen gesehen, die nebeneinander sitzend über Ihre Smartphones kommunizieren. Was ist daran so schwer, diese Dinger aus der Hand zu legen und sich anzuschauen und miteinander zu reden? Habt Ihr Eure Sprache, Euer höchstes Gut, verlernt? Wie oft sehe ich Menschen, die miteinander unterwegs sind, aber keiner dem Anderen volle Aufmerksamkeit schenkt, weil das Handy wichtiger ist. Wie wenig Respekt bringt Ihr Euch selbst entgegen? Ich finde das nicht nur traurig, sondern Besorgnis erregend! Wenn Ihr als Freunde Euch so wenig Respekt entgegen bringt und einer medialen Internetwelt mehr Aufmerksamkeit schenkt, als jenem Menschen an Eurer Seite, der Euch doch angeblich so wichtig ist! Heutzutage ist es doch schon das größte Kompliment, das Ihr Euch untereinander geben könnt, wenn Ihr die Handys in der Tasche lasst und Euch dem Anderen voll und ganz mit Eurer Aufmerksamkeit widmet. Ihr solltet Eure Freunde und all jene Menschen, die Euch so viel vom Herzen her bedeuten, viel mehr achten und schätzen. Es ihnen auch hier und da einmal sagen, mit lieben Gesten ausdrücken. Ein jeder von Euch weiß um die Großartigkeit und Wichtigkeit von sehr guten Freunden und liebevollen Menschen in seinem Umfeld. Deshalb solltet Ihr ihnen das mit dementsprechender Aufmerksamkeit und respektvoller Wertschätzung zeigen. ...und zwar öfter, als Ihr es heutzutage macht. Eine kleine Geste kann so viel bewirken und sie kostet Dich nicht viel Energie, denn sie fließt aus Deinem Herzen.

Es ist im Grunde genommen schon krank, wie Ihr miteinander umgeht. Mit welchen Vorurteilen Ihr Menschen entgegen geht, die Ihr noch nicht einmal kennt. Ihr packt sie in irgendwelche Schubladen, obwohl sie da ansatzweise noch nicht einmal hineinpassen. Wenn Ihr sie dann näher kennen lernt, dann höre ich oft den Satz: Ich bin total überrascht! Ich hatte Dich ganz anders eingeschätzt. – Natürlich, weil Ihr dem Menschen nicht einmal eine Chance gebt, sich so zu zeigen, wie er wirklich ist. Eure Vorurteile verbauen ihm diesbezüglich den Weg. Ihr zerstört damit im Vorfeld eine kostbare Kommunikation.

Ihr müsst auch wieder lernen, richtig zu zuhören. Ich habe es oft bei Euch erlebt, dass jemand Euch etwas sagt und Ihr genau das Gegenteil davon macht oder noch einmal nachfragen müsst, was er genau sagte. Das ist nicht nur respektlos, sondern lässt Euch selbst in einem sehr schlechten Licht erscheinen. Sprich, Ihr vermittelt Eurem Gegenüber ein Desinteresse, auch wenn es in der Situation nicht wirklich der Fall ist. Eines solltet Ihr immer berücksichtigen: Euer Gegenüber interpretiert Eure Aussage, nicht Ihr selbst! Es kommt auf Eure Aussage an, Eurem Tonfall, wie Euer Gegenüber Eure Aussage versteht. Er interpretiert und entscheidet, denn er ist der Empfänger und Ihr der Absender. Wenn er es nicht annehmen will, schickt er es postwendend an Euch zurück und geht. Deshalb solltest Du schon darauf achten, wie und in welcher Art Du Deinem Gegenüber entgegen trittst. Kommt dann noch das Handy dazu, oder sogar Kopfhörer auf oder in den Ohren, dann ist die Ausgangssituation oft mehr als schwierig. Dann noch die Kurve zu bekommen, gar unmöglich.

Ihr solltet also richtig zuhören, den Gegenüber aussprechen lassen und ihm Eure volle Aufmerksamkeit schenken. Denn er wendet sich ja auch mit seiner an Euch. Sehr häufig sehe ich auch, dass Ihr dem Redner einfach ins Wort fallt, oder Euch sogar einem Anderen oder einer anderen Sache zuwendet. Wenn er dann aufsteht und Euch keines Blickes mehr würdigt, dann solltet Ihr nicht ihm die Schuld geben, sondern Euch selbst. Denn das ist das respektloseste Verhalten, was man einem anderen Menschen gegenüber bringen kann. Aber leider keine Seltenheit in Eurer Gesellschaft.

Lernt wieder miteinander respektvoll umzugehen und zu kommunizieren! Worte, wie Bitte und Danke in Euren Wortschatz aufzunehmen und anzuwenden. Denn ich sage es gern noch einmal: Nichts im Leben ist selbstverständlich! Wenn Dich jemand grüßt, dann solltest Du ihn ebenfalls grüßen. Denn auch das ist eine Form von Respekt und Wertschätzung. Ein liebevoller, zuvorkommender und höflicher Umgang hat noch Niemandem geschadet. ...und ganz ehrlich: Du fühlst Dich doch auch geschmeichelt, wenn andere Menschen Dir so entgegen treten und Dich so behandeln. Also solltest Du ihnen ebenfalls so begegnen.

Egal, wie sympathisch oder unsympathisch Dir Dein Gegenüber ist, Respekt hat er trotzdem verdient. Denn er ist ein Mensch, wie Du und möchte auch als solcher behandelt werden. Jeder von Euch hat einmal einen schlechten Tag. Deshalb muss man diesen Menschen nicht gleich verurteilen und in eine, ihm nicht passende, Schublade stecken."

9

„Da haben wir viel in den letzten Jahrzehnten verlernt. Oder Ansichten angenommen, die unserem Zusammenleben bei Weitem nicht dienlich sind."
Nathanael nickt. „Auch hier gibt es mittlerweile schon einige

Ausnahmen. Aber ich beobachte das noch allzu häufig, so dass ich diese Umstände besorgt betrachte. Vieles geschieht mittlerweile völlig unbewusst, weil es in Euren Lebensstrukturen so verankert ist. Deshalb müsst Ihr wieder aufmerksamer werden, nicht nur gegenüber anderen Menschen, sondern genauso Euch selbst gegenüber. Nur so könnt Ihr diese Angewohnheiten auflösen und Euer Verhalten aktiv in die richtige Richtung lenken. Es ist ein Lernprozess. Wie so viele Dinge in Eurem Leben müsst Ihr Euch das wieder verdeutlichen und annehmen, vor allem in die Tat umsetzen. Natürlich wird die eingeschliffene Struktur hier und da erneut zum Vorschein kommen. Aber durch das aktive Handeln könnt Ihr sie gänzlich auflösen und durch die Aktivitäten aus dem Herzen heraus ergänzen."

Ich stimme ihm zu und wir sitzen noch eine Weile nebeneinander auf der Bank. Eine teils schöne, teils für mich bedrückende Stille. *Denn morgen ist unser letzter Tag und ich bin schon jetzt traurig darüber. Denn die Zeit mit ihm hat mir sehr viel gebracht und ich wünschte mir, dass diese gemeinsame Reise heute erst beginnen würde.*

Dann unterbricht er die Stille: „Morgen möchte ich Dich bitten, dass wir uns bereits am Vormittag treffen. Diesmal in der evangelischen Kirche in Sellin. Sie steht oben auf einem Hügel, am Rande des Ortes. Es ist eine schlichte, aber sehr schöne Kirche. Dort werden wir Deine Reise beenden und am Nachmittag und Abend hast Du dann Zeit, Deine Abreise vorzubereiten. …und ja, dort werde ich Dir sagen, wer ich wirklich bin."

Mit einem lieben Lächeln auf den Lippen steht er auf und ich folge ihm. Wir nehmen uns in den Arm und wünschen dem Anderen noch einen schönen Abend. Dann geht er und ich bleibe noch eine Weile auf der Bank sitzen und genieße die Aussicht auf die Wiese und die Ostsee dahinter.

XII.
1

Am Abend, nach dem Essen, bin ich noch ein wenig am Strand spazieren gewesen, um seine Worte und meine Gedanken dazu sacken zu lassen. Die ich dann im Zimmer noch stichpunktartig niedergeschrieben habe. Danach fiel ich völlig erschöpft ins Bett und schlief sofort ein.

Zum ersten Mal im Urlaub weckt mich heute ein Wecker, denn ich will nicht zu spät zu unserem Treffen in die Kirche kommen. Auch wenn es heute unser letzter Tag ist, ist er für mich genauso wichtig, wie die anderen. Wenn nicht sogar am Wichtigsten!

Also springe ich aus dem Bett, widme mich der Morgentoilette und danach einem ausgiebigen Frühstück im Speisesaal. Eine leicht bedrückende Vorfreude begleitet mich und treibt mich in meinen morgendlichen Aktivitäten voran. Bis ich bereit vor dem Hotel stehe und mich dazu entscheide, mit dem Rasenden Roland nach Sellin zu fahren. Auf dem Rückweg kann ich dann ja laufen.

Ich genieße den Spaziergang zum Bahnhof unter azurblauem Himmel. *Was waren das für großartige elf Tage hier auf der Insel?! Niemals hätte ich mir zu Träumen gewagt, dass ich solch eine Begegnung machen würde, die mein Leben derartig verändert. Sicher haben wir einige Themen hier und da angerissen, kurz ausdiskutiert und ich größtenteils die Erkenntnisse in mich aufgezogen, an denen er mich Teil haben lies. Aber ich denke, es ist doch viel Wichtiger und Entscheidender, dass sich ein jeder von uns ein eigenes Bild formt, im gewissen Maße seine eigene Welt, die wie ein Puzzleteil im großen Gesamtbild ist. Denn im Grunde genommen sind wir alle, ein jeder von uns, ein Körnchen Sand am großen Strand und nur durch unsere*

Gemeinsamkeit ist dieser Strand existent. Vom Bahnhof aus hat man ebenfalls einen guten Blick auf den Selliner See. Die Wiese davor wurde frisch gemäht. Es riecht nach frischem Gras. *Ich liebe diesen Geruch.* Die Schranken schließen und die Touristen tummeln sich, um die besten Bilder vom ankommenden Rasenden Roland zu machen. Wie er die Straße überquert und in den Bahnhof einfährt. *Bestimmt haben sie zwanzig bis dreißig Bilder in allen möglichen Varianten nur von diesem Zug.* Ich steige ein und setze mich auf einem Einzelplatz direkt an das Fenster. *Zwei Stationen sind es nur, dann noch ein kurzer Spaziergang und ich bin da.* Während der Zug seine Fahrt aufnimmt und die Lok kräftig schnieft und faucht, schaue ich aus dem Fenster über die Wiesen zum See. Kühe weiden auf ihnen und fressen das saftige Gras. *Auch ein Teil des Gesetzes. Das Gras wächst, um das weidende Vieh zu ernähren und zu sättigen, damit wir die Milch und später das Fleisch von ihnen bekommen. Ein fortwährender Zyklus, der jedes Jahr seine Wiederholung findet. Bis das Rind geschlachtet wird und eines Tages auf einem unserer Teller landet. Wir Menschen sind schon die größten Raubtiere auf der Erde, ausgenommen die Vegetarier und Veganer. Wobei letztere wohl alles, was mit Fleisch und Tieren in Verbindung steht schon meiden. Ein jeder soll nach seiner Vorstellung leben. Das Leben bietet genügend Freiheit, die wir Menschen uns hier und da nur selbst einschränken.* Ich betrachte die Umgebung und stelle fest, dass ich alles aus einer ganz anderen Sichtweise als zuvor betrachte. Mir fallen Details auf, die einigen Anderen verloren gehen. *Meine Weitsichtigkeit und Detailtreue wurde durch die Reise nicht nur erweitert, sondern auch geschärft. Es macht regelrecht Spaß, die Landschaft und das Treiben um mich herum zu beobachten und, wenn ich es will, mit einzutauchen. Nathanael hat Recht! Das Leben ist eine großartige und wundervolle Reise und es hat so unendlich viel zu bieten. Wir müssen es nur für uns erneut entdecken! Vor allem wieder lernen, das Leben zu genießen. Die erste Station und ich betrachte das rege Treiben auf dem kleinen Bahnhof. Hier treffen sich des Öfteren zwei Züge und ergeben natürlich ein perfektes Fotomotiv für alle Touristen. Ich beobachte die Menschen und ein Lächeln fährt über meine Lippen.

Heißt das, dass wir eine perfekte Welt formen werden, wenn wir uns alle verändern? – Ich denke nicht. Perfektionismus erreichen wir nicht. Aber wir gestalten sie neu, gehen respektvoller mit ihr um und nehmen an ihrer Schönheit und Einmaligkeit Anteil. Die Natur ist perfekt, wir Menschen hingegen werden es nie sein. Deshalb erschaffen wir uns makellose Helden, die in allem, was sie tun, perfekt sind. Die Natur heilt mit der Zeit alle katastrophalen Umstände, die wir ihr zum größten Teil zufügen. Wir Menschen sind so in diese Gesellschaftsformen strukturiert, auch was das gesundheitliche anbelangt, dass wir unsere Selbstheilungskräfte aus den Augen verloren haben. Natürlich hören Wunden auf zu bluten und schließen sich wieder. Das ist keine Frage. Aber die Krankheiten, die wir selbst erschaffen haben, die stehen doch im Rampenlicht. Wir nehmen immer wieder Medikamente zu uns, stopfen den Körper mit Chemie zu und wundern uns, dass wir immer kranker werden. Dabei müssen wir doch nur uns selbst Zeit geben und gönnen, damit der Körper sich regenerieren kann. Aber in unserer Gesellschaft zählt nun mal was Du erreichst und nicht wer Du wirklich bist. Wir haben verlernt, uns selbst im Rampenlicht zu betrachten, was hinter unserer körperlichen Fassade wohnt. Wer wir tief da drinnen in Wahrheit sind.

Ich muss aussteigen. Ich spaziere den Weg hinauf zu den Einfamilienhäusern und der Kirche. Die Sonne meint es wieder besonders gut mit uns und selbst die leichte Leinenhose und das Shirt werden zur Mittagszeit zu viel auf der Haut sein. Aber dennoch genieße ich es. *Wie sagen wir immer so schön? – Kaiserwetter und das an solch einem Tag. Ein sonniger letzter Tag auf der Insel und ein leider letztes Treffen mit Nathanael.* Es stimmt mich zum Einen sehr traurig. Zum Anderen macht es mich neugierig auf die heutigen Erkenntnisse und auf die Zeit, die nach meiner Reise hier folgen wird.

Ich stehe vor der Backsteinkirche, die wirklich recht schlicht aber schön wirkt. Durch die grünen Bäume umsäumt fügt sie sich harmonisch in die Landschaft ein. *Mal eine Kirche nicht direkt auf dem Dorfplatz, sondern auf einem wunderschönen Hügel am Rande des Ortes.*

2

Ich gehe hinein und sehe Nathanael in einer der vorderen Reihen sitzen und zum recht schlichten Altar schauen. *Ich bin mir sicher, er hat mich längst bemerkt.*

„Komm zu mir und nimm Platz!", spricht er, ohne mich anzusehen.

Ich gehe zu ihm und nehme neben ihn in der Reihe Platz. Einen kurzen Augenblick schauen wir schweigend zum Altar.

„Kirchen haben immer etwas Beruhigendes an sich. Ich fühle mich in ihnen irgendwie geborgen und sicher.", unterbreche ich diesmal die Stille. Vielleicht ist es meine innere, aufgekommene Unruhe. Ich bin etwas nervös, habe das Gefühl, dass heute etwas Besonderes passieren wird.

„Das war und ist der Sinn dieses Hauses. So wie der Glaube, für den sie stehen, der ebenfalls ein sicheres und geborgenes Gefühl vermittelt. Begleitet von Hoffnungen und Sehnsüchten, tiefsten Wünschen aus Euren Herzen. Dafür wurden sie einst erbaut."

Ich schaue ihn an und sehe wieder ein Leuchten um ihn herum.

Er hat ein Charisma, das seines Gleichen sucht.

„Glaubst Du an Wunder?", fährt er fort. „Denn mit diesen Häusern und dem Glauben werden oftmals Wunder in Zusammenhang gebracht."

„Hmm... Vor ein paar Tagen hätte ich gewiss sofort mit einem nein geantwortet. Aber mittlerweile sehe ich das anders. Es ist soviel Wundervolles passiert, dass ich heute schon an wundervolle Augenblicke und Begebenheiten glaube. ...und in wundervoll steckt das Wort Wunder ja drin."

Er schaut mich an und lächelt. „Daraus entnehme ich, dass Du jetzt an Wunder in Deinem Leben glaubst."

Ich nicke bestätigend mit dem Kopf.

„Das solltest Du auch. Besser gesagt, Ihr alle! Denn jeden Morgen, wenn Du aufwachst und in den Spiegel schaust, erlebst Du bereits Wunder. Zum Einen das Leben, das Du jeden Tag neu geschenkt bekommst und beginnst. Zum Anderen Du selbst. Das Leben an sich bezeichnet Ihr Menschen gern als Mysterium, also als Wunder. Weil Ihr vieles an und in ihm nicht erklären könnt. ...und Du selbst bist ebenso eines, in Deiner Einzigartigkeit und Vielfältigkeit. Mit Deinen Begabungen und Talenten, die Dir in die Wiege gelegt wurden. All die Prozesse, die in Deinem Körper jeden Augenblick stattfinden und ineinander greifen, wie ein großartig angelegtes Uhrwerk. Jeden Tag erlebst Du also am frühen Morgen zwei Wunder. ...und wenn die Menschen nicht an Wunder glauben, dann frage ich Dich, glauben sie an das Leben und vor allem an sich selbst?"

„Ich habe viele Menschen kennen gelernt, die nur das Negative gesehen haben und sich dem ergaben. Sie glaubten zum größten Teil nicht an die Schönheit des Lebens. Vegetierten dahin und lebten ihre Krankheiten und jammerten ständig, wie schwer und unfair das Leben zu ihnen sei. An sich selbst glaubten sie am Wenigsten. Sie lebten weder Begabungen und Talente, noch bewegten sie sich voran. Verharrten an ihrem Platz und wunderten sich, dass keinerlei Veränderung in ihr Leben kam. Sie erkannten nicht wirklich, dass sie selbst nur ihr Leben verändern können. Niemand anderes. Sie ergaben sich dem Schicksal, wie sie es immer wieder gern nennen und verbauen sich für die alltäglichen Wunder. In ihnen lebt eine Art Selbstverständlichkeit, dass sie morgens aufwachen und den Tag erleben. Einige von ihnen sehen das sogar als schwere Bürde. Nein, diese Menschen glauben nicht an das Leben und vor allem nicht an sich selbst."

„Das ist so, da gebe ich Dir Recht. Wer immer nur das Dunkle, Negative sieht, wird es in seinem Leben auch erfahren. Wir haben bereits darüber gesprochen und Du erkennst selbst immer wieder, wie stark das Gesetz der Resonanz in Eurem Leben ist. Dennoch erlebt Ihr es viel zu wenig, genießt es zu selten und erkennt oftmals die kleinen Wunder am Wegesrand nicht. Auf Deinem Weg hierher hast Du die Natur in Betracht gezogen. Sie vollbringt täglich große Wunder. In einem Spiel des Einklangs und der Harmonie stellt sie sich den großen Herausforderungen, die Ihr Menschen ihr aufbürdet. Seen, die Ihr durch Eure Bewässerung fast ausgetrocknet habt, beginnen sich zu regenerieren und zu vergrößern. Fische kehren in sie zurück und beleben die einstige Einöde. Die Natur vollbringt jeden Tag solche Wunder. Gleiches geschieht in Euch. Kleine Wunden schließen sich, Selbstheilungskräfte besiegen schwere Krankheiten und regenerieren die angefallenen Organe. Brüche verheilen von alleine und wenn Du Deinem Körper Ruhe gönnst, so verschwinden viele weitere körperliche Leiden. Auch wenn ich mich hier wiederhole, aber desto öfter Du es Dir verinnerlichst, umso mehr geht es in Dein Unterbewusstsein über und manifestiert sich in Deinem Handeln.

Menschen und Situationen kommen in Dein Leben, die Du Dir

vor langer Zeit gewünscht hast, aber in Vergessenheit gerieten. Nun erscheint es Dir wie ein Wunder und Du kannst es nur schwer fassen. Aber alles, was Du Dir von Herzen wünschst und bereit bist anzunehmen, kommt zum richtigen Zeitpunkt in Dein Leben. Wenn Du und die Umstände es so ergeben. Bis dahin musst Du Dich in Geduld üben. ...und heute weißt Du, dass geduldige Menschen schneller voran kommen, als diejenigen, die immer wieder Druck ausüben. Dein Leben ist das, was Du daraus machst. Erkennst Du die kleinen Wunder, so bist Du bereit, auch die großen in Dein Leben zu lassen. Täglich geschehen Euch kleine Wunder: Menschen überleben fast unbeschadet einen schweren Unfall, genesen von einer schweren Krankheit, treffen die Liebe ihres Lebens, eröffnet sich eine ungeahnte Geldquelle, die das Leben der Entbehrungen beendet und so weiter, und so weiter. Ich könnte die Liste weiterführen, aber ich habe bewusst die einschlägigsten Situationen ausgewählt. Weil Ihr Menschen stark einschneidende Erlebnisse braucht, bevor Ihr beginnt umzudenken und Eure Lehren daraus zieht. Es ist schon merkwürdig, gar verrückt, dass Ihr erst dann wach werdet, wenn Euch die Umstände des Lebens dazu zwingen. Dabei ist der andere Weg, der Offenheit und Annahme der Erkenntnisse, viel einfacher. Dort offenbaren sich die kleinen Wunder, die auf Deinem Weg Realität werden. Aber Ihr liebt es mehr, Euch in Sicherheit zu wiegen und den stetigen Alltagstrott zu vollziehen, anstatt aufzustehen, zu verändern und endlich loszugehen. Öffnet Eure Augen für die Wunder an Eurem Wegesrand und Ihr werdet die anderen, größeren viel mehr wahrnehmen und könnt Euch über sie freuen.

3

Es gibt so viel Unerklärliches in Eurem Leben, zwischen Euch

Menschen. Ihr müsst nicht alles erforschen, verstehen, lenken wollen und definieren. Nehmt es einfach nur an. Viele Prozesse auf energetischer Ebene in Eurem Dasein im großen Ganzen habt Ihr bis heute nicht erklären können. Ihr versucht immer alles zu definieren, festzuhalten. Euer Verstand treibt Euch dazu, während Euer Herz nur symbolisch den Kopf schüttelt. Eine Definition ist nichts anderes, als Begebenheiten, Gefühle und Situationen Eures Lebens festzuhalten. ...und sei es nur durch Worte. Eure Bibliotheken sind voll davon. Was hat es Euch gebracht? Gewiss hat es Euren Fortschritt voran getrieben. Doch ich frage mich und vor allem Dich: Wo seid Ihr dabei geblieben? Habt Ihr Euch mit entwickelt? Seid Ihr seelisch und körperlich mit gegangen? - Ganz ehrlich? Ihr seid mehr und mehr vereinsamt und habt Euch in Scheinwelten eingekapselt, die nun nach und nach zerbrechen. Sicherlich haben diese Erkenntnisprozesse hier dazu beigetragen. Aber um Dich aus dem Sumpf heraus zu holen, bedarf es mehr als nur ein paar liebe Worte. Nur die realen Umstände, die Wahrheit, die stets ein unbequemer Gast dabei ist, können das bewirken. Es hat Dir den Weg aus Deinem Sumpf geebnet und Dich ermutigt, ihn zu verlassen. Wenn Dir weitere folgen, haben die Botschaften der Erkenntnisse der letzten Tage alles erreicht.

Ihr müsst erkennen, dass die sicheren 98 Prozent nicht immer der richtige Weg sind. Oftmals verbergen sich hinter den anderen 2 Prozent die erhofften und gewünschten 100 Prozent. Nur wer etwas wagt, auch einmal ein Risiko eingeht, kann im Leben etwas gewinnen. Das bedeutet nichts anderes, als das Du Dir selbst viele wundervolle Augenblicke, Wunder in Deinem Leben, schaffen kannst. Wenn Du nur dazu bereit bist.

Du musst es nicht definieren, festhalten, sondern nur annehmen und Dich darüber freuen. Es gibt so viel Unerklärliches in Eurem Leben, besonders in Eurer Gefühlswelt, was Ihr nicht definieren könnt. Wie viele Definitionen und voll geschriebene Bücher gibt es über die Liebe? Unzählige, aber dennoch seid Ihr immer wieder über die Welten, die Euch die Liebe eröffnet, erstaunt und versucht sie dahin gehend neu zu definieren. Die Liebe ist nun einmal eine Macht, die Ihr bis heute nicht verstanden habt zu beherrschen und festzuhalten. Das ist auch das Beste, was Euch bis heute passiert ist. Denn die wahre Liebe ist aufrichtig, authentisch und wird durch Vertrauen und Treue getragen. Von nichts anderem als die Wahrheit. Da war wieder dieses Wort, Wahrheit. Ihr sollt die Liebe nicht in Worten erklären und festhalten! Ihr sollt sie erleben und genießen und jeden Tag aufs Neue erkennen, dass sie auch mit Arbeit verbunden ist. Ein Feuer, das Du jeden Tag nähren musst, damit es lange mit hohen Flammen lodert.

So wie die Liebe gibt es noch anderes in Eurem Leben, in der Natur, die Euch umgibt, das Unerklärlich ist. Nehmt es an und lernt damit in Demut und Dankbarkeit umzugehen. Es ist ein Teil Eures Daseins hier auf Erden. Es gibt Menschen, die in der Lage sind, umhergeisternde Seelen zu sehen, die in der Zwischenwelt gefangen sind und nach Hilfe suchen, um in das Licht gehen zu können. Andere widerum können in Eure Leben sehen, haben hellseherische Gaben. Das muss man nicht erforschen, sondern dankend annehmen. Sie sind keine Außenseiter oder gar Spinner, wie Ihr sie gern bezeichnet. Es sind hoch begabte Menschen, die mit ihren Gaben anderen Menschen und auch Dir helfen können.

Es gibt die energetische Medizin, wo es ausgebildete Heiler gibt, die mit ihrer Gabe und ihrem Handeln vielen Menschen bereits geholfen haben. Auch hier geschehen teils unerklärliche Prozesse auf energetischen Ebenen. Die müsst Ihr nicht definieren, sondern sollt sie zu Eurem Nutzen anwenden. Damit Eure stark gebeutelten Seelen in Eurer gesellschaftlichen Zeit wieder genesen können. …und damit Eure körperlichen Leiden. Diese Heiler haben Menschen von Krebs geheilt, Laufbehinderten Menschen die Bewegung zurück gegeben und seelisch erkrankten Menschen Genesung verschafft. Schon jetzt ist die Schulmedizin in vielerlei Hinsicht überrascht und spricht von Wundern. Versucht sie zu erforschen, die stattfindenden Prozesse zu verstehen und zu definieren. Nochmals, Ihr sollt sie annehmen und zum Wohle der Menschen einsetzen. Zur Genesung Ihrer seelischen und damit körperlichen Leiden, und zur Genesung der Gesellschaft. Der Geist ist zu allem in der Lage und er wird von diesen Heilern unterstützt und aus seinen Fesseln befreit. Damit der Körper wieder genesen kann. Die Verläufe müsst Ihr nicht definieren, sondern annehmen und dankbar dafür sein.

Das alles gehört zu Eurem Dasein hier auf Erden, zu Eurem Leben dazu. Auch wenn viele von Euch Menschen nicht daran glauben, es nicht für wahr haben wollen. Dennoch war es schon immer da, ist in diesem Augenblick existent und wird es ebenso in den folgenden sein. Ihr könnt es nicht steuern, aufhalten oder gar vernichten. Aber Ihr könnt es zu Eurem eigenen Nutzen anwenden. Ich erinnere Dich daran: Deine Gedanken erschaffen Deine Welt, Du erschaffst sie. Weil Du die Hauptfigur darin bist und zusätzlich der Regisseur. Im Einklang mit Deiner Umwelt, in Einklang mit Körper und Seele."

„Unser ewig hungriger Wissensdrang hat uns nicht nur gute und förderliche Erkenntnisse gebracht. Wobei die dunklen zu sehen und zu erkennen uns gewiss viele Fehltritte ersparte."

„Aber auch Seiten eröffneten, die Manipulation und Dominierung von Leben mit sich brachte. Alles hat seine Licht- und Schattenseiten. Auch das war schon immer so. Aber das Licht bringt die Wärme und das Wohlbefinden. Nicht die Kälte und Starrheit der dunklen Seite. Das waren die unangenehmen Begleiterscheinungen Eurer Forschungen, die heute noch von

vielen Menschen in Bezug auf Andere genutzt werden. Das ist nicht der Weg, der Euch einst verheißen wurde. Deshalb führen Euch die Wege des Lichts in die Zukunft, die der Dunkelheit in den Abgrund. Das zu erkennen, ist die Aufgabe eines jeden Menschen auf Erden und dann dementsprechend für sich zu handeln und zu verändern."
Ich nicke mit dem Kopf. „Ich habe mich für das Licht entschieden und die Dunkelheit verlassen. Darüber bin ich sehr froh und vor allem dankbar dafür."

4

„Du hast schwere Zeiten in Deinem Leben erlebt. Hast tief in den Abgrund gesehen und wolltest bereits ein paar Mal springen. Kennst die dunklen Seiten des Lebens, Depressionen und tiefe Zweifel. Dennoch bist Du den Weg gegangen, hast alles in Deinem Leben verändert und eine erneute Wende mit dieser Reise eingeleitet. Du bist nie stehen geblieben, immer wieder aufgestanden und losgelaufen. Hast anderen Menschen geholfen, ihnen Tore geöffnet und stets für Dich allein gekämpft. Du kannst auf einen großen Erfahrungsschatz zugreifen, musst Dich dabei nicht selbst hemmen und zu Dir stehen.
Ein jeder Mensch kann das schaffen, wenn er nur wirklich will. Du kannst Süchte besiegen, tiefe Täler der Depressionen verlassen und Deinen Blick zum Licht wenden. Auch wenn es am Anfang blendet, so wird Dein Blick klarer und Du erkennst die Farbvielfalt des Lebens. Das Licht ist die Wärme, Geborgenheit, Harmonie und die Liebe. Alle bilden das Fundament Deines inneren Friedens. Vergiss es nie: Der innere Frieden ist des Menschen größtes Glück. Niemand Anderes außer Dir selbst kann dieses Glück zu lassen. Denn niemand Anderes lebt in Dir. Du kannst Menschen einen Platz in Deinem Herzen schenken,

aber sie werden niemals in Dir tief drinnen leben. Das ist der Platz Deiner Seele.

Du hast Dich auf Deinem Weg oft gefragt, ob es höhere Mächte und Kräfte gibt. Höhere, als Euch Menschen. Dann trafst Du andere, die an Himmelswesen wie Engeln und Feen glaubten und sie gewisser Maßen verehrten. Hier und da hast Du Dich ihnen geöffnet. Heute beantworte ich Dir Deine Frage. Die Frage nach den höheren Mächten und vor allem, wer ich wirklich bin."

Nathanael nimmt meine linke Hand und hält sie sanft fest. Dabei schaut er mich liebevoll an und ich sehe, wie das Licht um ihn herum stärker wird. Als würde er von innen heraus scheinen. Wärme und tiefe liebevolle Gefühle erfüllen mich. Ich fühle mich geborgen, obwohl er nur meine Hand hält. Dann erkenne ich im Lichtschein um ihn herum zwei weiße Flügel auf seinem Rücken, die im Ansatz der Federn golden sind. Tränen fließen aus meinen Augen. Ich weiß nicht warum? Ist es der Augenblick der Überwältigung oder die tiefe innere Freude und das Glück, welche mich ganz erfüllen. Ich weiß es nicht. Er streichelt mit seiner rechten Hand sanft meine Wangen, als wolle er mich trösten.

„Ich weiß, dass Du großartig bist.", beginnt er. „Ein wundervoller Mensch, mit einem großen, guten und gütigen Herzen. In dem sehr viel Liebe wohnt, die nur darauf wartet, mit dem richtigen Menschen in Einklang zu gehen. Zu einer langlebigen wahren Liebe. Glaube mir, der Tag kommt und sie wird für Dich in Erfüllung gehen. Gebe diese Liebe weiterhin auch an andere Menschen weiter, mit tiefem Respekt. Sie werden Dich dafür achten, schätzen und lieben, so wie Du bist. Dein authentisches Handeln, Deine Offenheit und Herzlichkeit werden Dir weitere Tore öffnen und Wege ebnen, die Du heute noch nicht erkennen kannst. Denke immer daran: Alles kommt zur rechten Zeit in

Dein Leben und bringt Dich weiter auf Deinem Wege voran. Bleibe ganz bei Dir, in Liebe und Harmonie, Demut und Dankbarkeit und ebne Dein Fundament für Deinen inneren Frieden. Vergiss nie die Erfahrungen und Erkenntnisse, die Du auf dieser Reise gewonnen hast. Setze sie um, nutze sie im Umgang mit anderen Menschen und weiteren Lebewesen auf Erden. Reiche ihnen weiter, was Du erfahren hast und bleibe dabei stets bodenständig und voller Hingabe und Liebe. Lebe Deine Begabungen und Talente, dann wird das Leben für Dich sorgen und Deinen Gabentisch reichlich füllen. Selbst, wenn Du davon mit Anderen teilst.

Höre stets auf Dein Herz, Deiner Intuition! Sie weist Dir den richtigen Weg. Wenn Du ein ungutes Gefühl bei irgendetwas oder einem Menschen hast, dann meide diesen Weg und gehe einen anderen. Du entscheidest für Dich und Deinen Weg, bist niemandem, außer Dir selbst, Rechenschaft schuldig. Denn wenn Du anderen Menschen nichts Unrechtes antust, wirst Du Dich auch nicht dafür erklären müssen. Alles was von der Liebe und dem Herzen geführt wird, ist aufrichtig und authentisch und damit von Wahrheit und Herzenswärme getragen. Lebe Dein Leben, nimm an, was Dir von Herzen gereicht wird und stelle Dich mit Freuden den neuen Herausforderungen auf Deinem Weg! Alles geschieht, um Dich in Deinem Leben weiter voran zu bringen, zu Deinen Zielen und der realen Erfüllung Deiner Wünsche und Träume. In Deinen Händen liegt Dein Leben, Du wirst es für Dich formen und gestalten. ...und ich weiß, dass Du auf dem richtigen Weg bist und den gesunden Ergeiz besitzt, all das zu erreichen. Im Einklang mit Dir, den liebevollen Menschen an Deiner Seite und Deiner Umwelt. In Liebe, voller Herzenswärme, Demut und Dankbarkeit. Ich danke Dir für die wundervollen Tage mit Dir!"

Dann wischt er sanft mit seiner rechten Hand meine Tränen

weg. Ich weiß nicht so richtig, was hier gerade mit mir geschieht. Es ist so wundervoll, ergreifend und erfüllend zugleich. *Nun weiß ich, wer er ist und warum er zu mir kam. Ich erkenne das Privileg, dass ich all das erfahren durfte. ...und ich wünsche mir, dass dieser Augenblick nie mehr vergeht!*

„Du weißt, ich bin stets an Deiner Seite und ab heute wirst Du die Zeichen und Botschaften erkennen, die ich Dir reiche. ...und Du weißt jetzt auch, dass Du niemals allein bist."

Ich ziehe die Nase leicht hoch und versuche mich zu fangen.

„Dann bist Du der Engel an meiner Seite. Der mich beschützt und behütet."

Er nickt mit einem liebevollen Lächeln.

„Ich habe Dir gewiss viele schwere Augenblicke bereitet, Dich oftmals sehr gefordert. Zum Einen tut es mir sehr leid. Zum Anderen möchte ich Dir von Herzen dafür danken!"

„Dafür war, bin und werde ich immer da sein. Ich kenne Deine Wünsche und Träume, die tiefe innere Sehnsucht in Dir. Der Tag naht, an dem sie erfüllt werden. Habe noch etwas Geduld und gehe weiter diesen Weg. Dann wird sich alles für Dich fügen.

Der Tag kommt sehr bald, an dem Du die Türen zur Vergangenheit zuschlagen kannst und den Schlüssel weit wegwerfen wirst. Danach wird all das Neue, Wundervolle zu Dir kommen und Dich und Dein Leben bereichern und erfüllen."

Das Licht um ihn herum wird wieder schwächer und die Flügel nicht mehr sichtbar.

„Ich danke Dir für Alles! Für diese Reise, für die Erkenntnisse und Erfahrungen und dafür, dass Du mich stets vor dem größten Fehler bewahrt hast..."

„Ich weiß, welchen Du meinst. Aber Du hast noch eine große Aufgabe hier und ich werde Dich dabei begleiten. Auch wenn ich nicht sichtbar an Deiner Seite bin. So bin ich doch stets bei

Dir."

Wir stehen auf und nehmen uns fest in den Arm. Einen kleinen Augenblick bleiben wir so stehen, ohne daran zu denken, ob jemand in die Kirche kommt. Unser Umfeld ist dabei außen vor. Dann lösen wir die Umarmung und gehen auf den Gang. „Ich warte draußen auf Dich.", sagt er mir noch und geht in Richtung Tür los. Die Sonne wirft einen besonderen Lichtschein durch die offene Tür und er verschwindet gänzlich darin. Ich schaue ihm noch einige Sekunden hinterher. Dann drehe ich mich um und sehe den Altar an.

Plötzlich vernehme ich Schritte und mehrfach ein Knarren. Aber ich drehe mich nicht um. Jemand muss die Empore hinauf gegangen sein. Kurz darauf höre ich, wie dieser jemand die Orgel einstellt. Also setze ich mich noch ein wenig hin und lausche den darauf folgenden Klängen. Ich schließe dabei meine Augen und höre nur noch die Musik, lass mich einfach fallen.

5

Als die Musik verstummt, öffne ich meine Augen und stehe auf. Beim Verlassen der Kirche bleibe ich kurz vor der Empore stehen und sage laut „Dankeschön!" nach oben. Ein etwas älterer Mann guckt über die Brüstung und antwortet: „Oh, vielen Dank! Sehr gern! Ich hoffe, es hat Ihnen gefallen?"
„Ja, sehr sogar!", entgegne ich ihm. „Es war ein wundervolles romantisches Stück. Es passte hervorragend zu meiner Stimmung. Ein toller Abschluss für meine Reise. Vielen Dank!"
Er lächelt bis zu beiden Ohren und wünscht mir noch eine gute Heimreise. Dann verlasse ich die Kirche und bleibe davor kurz stehen. Mit einem zufriedenen Lächeln schaue ich noch einmal zu ihr zurück. *Diese Augenblicke werde ich sich nie vergessen. Sein Gesicht, das Leuchten und die weiß goldenen Flügel. All*

diese Gefühle in mir, als würde ich auf Wolken empor gehoben und direkt von der Sonne gewärmt werden. Ohne mich dabei nur im Ansatz zu verbrennen. Unglaublich... Aber dennoch wahr.
Mit einem Mal spüre ich etwas auf meiner linken Schulter, als würde jemand seine Hand darauf legen. Ich wende meinen Kopf nach links, sehe aber niemanden. Dann muss ich lächeln und lege meine rechte Hand auf die Schulter. *Er gibt mir ein Zeichen, dass er da ist. ...und es macht mich glücklich.*

6

Zurück zum Nachbarort laufe ich am Strand entlang und freue mich über das rege Treiben. In mir lebt immer noch das überwältigende Gefühl, die innere Wärme und Geborgenheit. Ein tiefer Frieden in meinem Herzen und eine starke Liebe zu mir und allem, was mich umgibt.
Im Hotel angekommen, schenke ich momentan meinen Koffern keinerlei Beachtung. Ich nehme nur mein Ringbuch und Stift, den MP3-Player und gehe zurück zum Strand. Auf einer Bank an der Uferpromenade mache ich es mir gemütlich und versuche, das heutige Geschehen stichpunktartig zusammen zu fassen. Beim Stichpunkt zum Thema Vergangenheit erklingt die Liveversion von Kelly Clarksons Lied „Up To The Mountain". Ich höre auf zu schreiben und lausche dem Lied. Noch einmal rinnen ganz einfach Tränen aus meinen Augen. *Es ist an der Zeit, mit der Vergangenheit abzuschließen. Alles Geschehene loszulassen und die Tür zu zuschlagen. Ich lebe im hier und jetzt und bereite damit meine Zukunft vor. Was vergangen ist, kann ich nicht mehr ändern oder zu neuem Leben erwecken. Nur dankbar für die vielen schönen Augenblicke sein und die Erinnerungen daran im Herzen behalten. Aber nicht mehr*

leben. Jetzt gehe ich auf meinen neuen Weg, in meine Zukunft! ...*und als ob es so sein soll, entscheidet sich das Zufallsprinzip der Wiedergabe erneut für das gleiche Lied. Vielen Dank!*

Nach einem reichhaltigen und guten Abendessen widme ich mich nun dem Kofferpacken. Vorher noch die Sachen für den morgigen Reisetag zu Recht gelegt, landet alles Andere in dem eckigen Reisegefährt. Nachdem er geschlossen ist, schaue ich in meiner Geldbörse nach der Fahrkarte. Dabei fällt eine Visitenkarte heraus und zu Boden. Ich bücke mich und stelle fest, dass sie von der Meisterheilerin ist. *Hier also hatte ich sie hingepackt. Na ja, damit sie mir im richtigen Augenblick in die Hände fällt. ...und der ist jetzt.*

Ich nehme mein Handy zur Hand, wähle ihre Nummer und warte gespannt, ob sie rangeht. Tatsächlich meldet sie sich und ich erzähle ihr recht kurz, was mir die Tage auf der Insel passiert ist und das ich mich von ihr behandeln lassen möchte. Sie entgegnete mir sehr respektvoll mit den Worten: „Wissen sie eigentlich, welches Privileg ihnen zu Gute gekommen ist? Wie viele Menschen wünschen sich eine solche Begegnung und sie hatten sie über 12 Tage lang. Das ist etwas ganz Besonderes und sie sollten die Erkenntnisse nicht nur anwenden, sondern auch weiter tragen. So wie sie es bereits sagten..."

Wir telefonieren ungefähr eine halbe Stunde, machen erste Behandlungstermine aus und ich erzähle ihr ein wenig von den erhaltenen Erkenntnissen von Nathanael. Nachdem wir wieder auflegen, spüre ich eine leichte innere Unruhe. *Ich bin schon gespannt, was mich dabei so erwartet. Auf alle Fälle wird es mich auf meinem Weg weiter voran bringen. Da bin ich mir ganz sicher!*

Ich öffne das Fenster, setze mich auf den Fenstersims und beobachte die eintretende Dämmerung. Ein letzter friedlicher

Abendblick auf die Ostsee, bevor ich morgen wieder die Reise in die Großstadt antrete und meine richtige Reise beginne. *Die zwölf Tage hier waren etwas ganz Besonderes. Das ist mir auf alle Fälle klar. Sie haben mein zukünftiges Leben beeinflusst, mich geprägt und meinen Horizont erweitert, wie nichts weiter zuvor in meinem Leben. Es war eine großartige Reise, die ich nicht mehr missen möchte! Sicher konnten wir nicht alle Erkenntnisse so tiefgründig über mehrere Tage analysieren. Aber seine weiter gegebenen Worte waren Gedankenanstöße genug, um nachzudenken und sein Leben zu den eigenen Gunsten zu verändern. Er wiederholte sehr oft einige Erkenntnisse, betrachtete sie aus verschiedenen Blickwinkeln, damit sie sich tief in mein Gedächtnis verankern.*

Wenn ich daheim in der Großstadt beginne, mein Leben zu meinen Gunsten zu verändern, fange ich endlich an, mein eigenes Leben zu leben. ...und nicht das der Anderen, oder wie sie es gern von mir hätten. Dadurch werden sich die Tore öffnen und all das zu mir kommen, was zu mir gehört. Darauf freue ich mich jetzt schon und bin von Herzen dankbar dafür!

6 Monate später...

Es war mir klar gewesen, dass die eigentliche Reise erst in der Großstadt beginnt. Unter all den Einflüssen, die im Alltag auf einen einströmen. Die täglichen kleinen Herausforderungen, die meine Disziplin auf die Probe stellten. Doch ich blieb meinem Weg treu und stellte mich den Prüfungen. Die Ämtergänge, die gewiss keiner wirklich gern macht, entwickelten sich zu interessanten Gesprächen. Weil ich mit einer ganz anderen Einstellung heranging, als ich es sonst getan hätte. Ich war offen, herzlich und zuvorkommend im Umgang und erklärte ihnen ehrlich, was ich vorhabe und welche Möglichkeiten der Unterstützung ihrerseits möglich wären. Natürlich gab es tägliche Situationen, in denen hier und da auch mal ein Zweifel nach außen trat. Das ist gewiss normal, wenn man neue Wege beschreitet. Da muss man die Disziplin besitzen und sich selbst treu bleiben. Auch wenn es mal schwer fällt. Ich wusste ja, dass ich nicht alleine bin und das gab mir die Kraft und den Mut, weiter zu gehen.

Seit meiner Ankunft in der Großstadt hat sich vieles verändert: Ich begann, das Buch zu schreiben und die Reise erneut zu erleben. Immer wieder wurde mir bewusst, welches Privileg ich genoss und welche Verantwortung damit in meine Hände gelegt wurde. Die ersten Seiten schrieben sich leicht von der Hand und dann war die Disziplin gefragt. ...und ich folgte ihr und nach knapp 2 Monaten war das Buch fertig. Ein paar Freunde und Bekannte begleiteten mich dabei und erkannten, was mir dort oben auf der Insel wirklich geschehen war. Dennoch veränderte ich mein Auftreten ihnen gegenüber in keinster Weise. Ich blieb ganz der alte Neue, humorvolle und offene Mensch und lies sie an meinen Erkenntnisse teilhaben. Es vertiefte sogar unsere

Freundschaften und veränderte unsere Sichtweisen auf viele Dinge und Begebenheiten in unserem Leben. Es gab aber einige, die sich von mir entfernten und nicht mehr auf mich in Resonanz gehen konnten. Dafür kamen neue Menschen in mein Leben, die es heute bereichern.

Ich wusste von Anfang an, dass dieses Buch ihm gewidmet sein würde, seinen Namen tragen sollte. Als aufrichtiges Dankeschön für diese wundervolle gemeinsame Zeit.

Zwischendurch ging ich des Öfteren in den umliegenden Parks spazieren, um meinen Kopf Gedankenleer zu bekommen und eins mit der Natur und seiner Energie zu sein. Jedes Mal war ich danach motivierter, das Buch zu Ende zu schreiben.

Die ersten zwei Monate begleitete mich auch die Heilerin mit ihren Behandlungen. …und sie taten mir nicht nur sehr gut, sondern halfen mir auch sehr. Ich nahm von Menschen meiner Vergangenheit Abschied und ließ mich energetisch von ihnen trennen. Größtenteils ohne goldenes Band, was so viel bedeutet, dass diese Trennung gänzlich ist. Ohne jegliche weitere Verbindung. Die Energien, die man von der Person noch in sich trägt, werden aufgelöst. Von Menschen, die mir noch heute sehr viel bedeuten, habe ich das goldene Band gelassen. Damit ich in liebevoller Verbindung mit ihnen bleibe. Ohne jedoch, dass sie mich energetisch auf meinem weiteren Weg beeinflussen. Begleitend vollzog ich noch einige Vergebungsrituale zu anderen Menschen meines früheren Lebens. Dann ließ ich noch meine Kindheitsmuster auflösen. Damit befreit man sich von alten Kindheitsstrukturen und –belastungen und ist frei für die neuen Wege. Anerzogene Muster aus der Kindheit wurden aufgelöst, die mich im Hier und Jetzt belasteten und ausbremsten. Schwüre und Gelöbte waren danach an der Reihe und alles, was ich versprach und gelobte, mich bis dato ausbremste in meinem Handeln, wurde energetisch aufgelöst. Ich lerne seitdem immer mehr interessante Menschen kennen und sie kommen auf mich zu. Nicht so wie früher, als ich auf sie zugehen musste. Vieles geht mir auch leichter von der Hand. Zum Schluss stand die Herzwandheilung an. Dabei werden alle Verletzungen, die uns seelisch zugefügt wurden, geheilt und aufgelöst. ...und bei mir waren es einige, so dass wir die Sitzung gleich zweimal machen mussten. Danach fühlte ich mich leichter und freier und ich merke auch heute noch, dass viele alte Verhaltensmuster verschwunden sind. Ich reagiere auf verschiedene Situationen und Herausforderungen nicht mehr wie früher, sondern gehe ganz anders mit ihnen um. Sicherlich haben die Erkenntnisse ihren Beitrag dazu geleistet. Ohne Frage! Aber seit der Behandlung fällt es mir leichter. Im Großen und Ganzen haben die Behandlungen mir sehr viel gebracht, mein Leben schneller verändert und mich enorm weiter nach vorn gebracht.

Das Buch ist nun im Handel erhältlich und innere Freude und auch Stolz erfüllen mich diesbezüglich. Ich gebe mittlerweile Seminare und Lesungen zu dem Buch. Die Reaktionen der Menschen sind verschieden. Was Nathanael voraus sagte. Doch der größte Teil nimmt die Erkenntnisse dankbar an und am Ende liegt es bei jedem selbst, wann er mit seinem Leben beginnt, oder wenn die Person schon auf dem Weg ist, weiter voran schreitet. Es liegt in den Händen eines jeden Einzelnen von uns. Die Einen beginnen sofort, andere warten noch eine Woche, einen Monat oder gar ein weiteres Jahr. Bei Anderen muss erst etwas Einschneidendes passieren, bis sie wach werden und losgehen. Viele jedoch sind sehr interessiert, nehmen es dankend an und das Feedback ist enorm groß und positiv. So, wie es Nathanael prophezeite.

Ach ja, Nathanael. Ich habe ihn seitdem nicht mehr vergessen. Dieser Moment in der Kirche ist bei mir in bleibender Erinnerung geblieben. ...und ab und an spüre ich seine Gegenwart und es macht mich sehr glücklich. Durch ihn habe ich meinen Weg gefunden, bin ihn bis hierher gegangen und werde natürlich weiter auf ihn voran schreiten. In Demut und tiefer Dankbarkeit für all die Erfahrungen. Durch diese Zeit mit ihm, diese besondere Reise und all dem, was danach bis jetzt folgte, habe ich begonnen, ENDLICH zu LEBEN.

Lieben Dank an Nathanael!

„Alles fügt sich zu einem harmonischen Ganzen zusammen, wie ein gewaltiges Mosaik, das ein wunderschönes Bild am Ende ergibt. Aller Schein verfällt und wird verweht. Was bleibt, ist die Wahrheit."

„Nathanael" - VII/4

Inspirationen für das Buch & Empfehlungen des Autors:

Daniel Quinn – „Ismael"
- Goldmann-Verlag -
(Geschichte der Menschheit & Gesetz des Lebens → Zusammenfassung und Erweiterung – Neudarstellung – mit eigenen Worten und Gedanken)

Anthony De Mello – „Das Leben neu entdecken"
- Verlag Herder -
(Begehrlichkeiten und Glück → Zusammenfassung und Erweiterung mit eigenen Worten und Gedanken)

Rhonda Byrne – „The Secret" – Der Film
- TS Production LLC. -

Dirk Meierewert – „Spiegel des Lebens"
Bilder und Gedanken für Herz und Seele
- Books on Demand GmbH, Norderstedt -
(Einarbeitung verschiedener Gedanken in den aktuellen Text)

Das Seminar zum Buch
ab Herbst 2014

Weitere Veröffentlichung des Autors:

Spiegel des Lebens
Bilder und Gedanken für Herz und Seele

ISBN: 978-3-8423-7560-4   Preis: 7,95 Euro

In Überarbeitung:

Die Heimkehr der Engel – DER ABSCHIED
Teil 1 der Romantrilogie

2. überarbeitete und verbesserte Auflage ab Winter 2014

Copyright by Dirk Meierewert, 2014

1. Auflage

Herstellung & Verlag: BoD - Books on Demand, Norderstedt

ISBN-Nummer: 9783735794048

Kontakt: dirkmeierewert@gmx.de